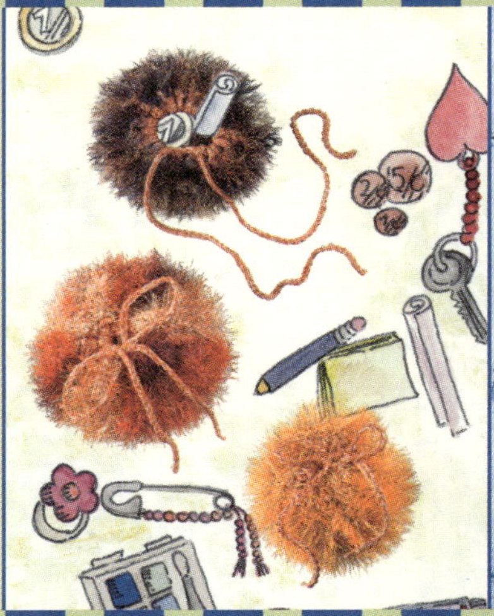

Kathja Herrenknecht

Stricken kinderleicht

Stricken lernen – jetzt ganz einfach

Hallo, ich bin dein lustiger Wollknäuel. Immer, wenn du mich auf den Seiten entdeckst, verrate ich dir Tipps und Tricks rund ums Stricken!

Stricken kinderleicht

Stricken ist der absolute Hit! Auch Berühmtheiten wie Julia Roberts kommen nicht von den Stricknadeln los. In New York wurden sogar coole Strick-Cafés aufgemacht. Höchste Zeit, dass du Stricken lernst.

Mit diesem Buch ist Stricken lernen überhaupt kein Problem. Und das Tolle daran! Die Technik des Strickens erlernst du in einzelnen Schritten. Du findest ausführliche Erklärungen und anschauliche Zeichnungen, damit du alles genau nacharbeiten kannst. Dabei ist dir Erfolg garantiert.

Zum Üben gibt es ganz einfache, aber auch aufwändigere Modelle mit leicht verständlichen Anleitungen, damit sich das Gelernte sofort in ein schönes Modell umsetzen lässt. Da findest du einen Zauberschal, der durch Fallmaschen wächst, Ponchos, Mützen oder Hausschuhe. Auch super Accessoires für dein Zimmer lassen sich einfach selbst stricken. So entstehen Kissen, Zeitungshalter oder gestrickte Lampen. Viele Modelle im Buch eignen sich zudem super zum Verschenken.

Außerdem haben wir zahlreiche Tipps, praktische Hinweise und viel Wissenswertes über das Stricken zusammengetragen, sodass du am Ende ein richtiger Strickprofi sein wirst.

Ich wünsche dir viele lässige Stunden beim Stricken!

Kathja Hettenknecht

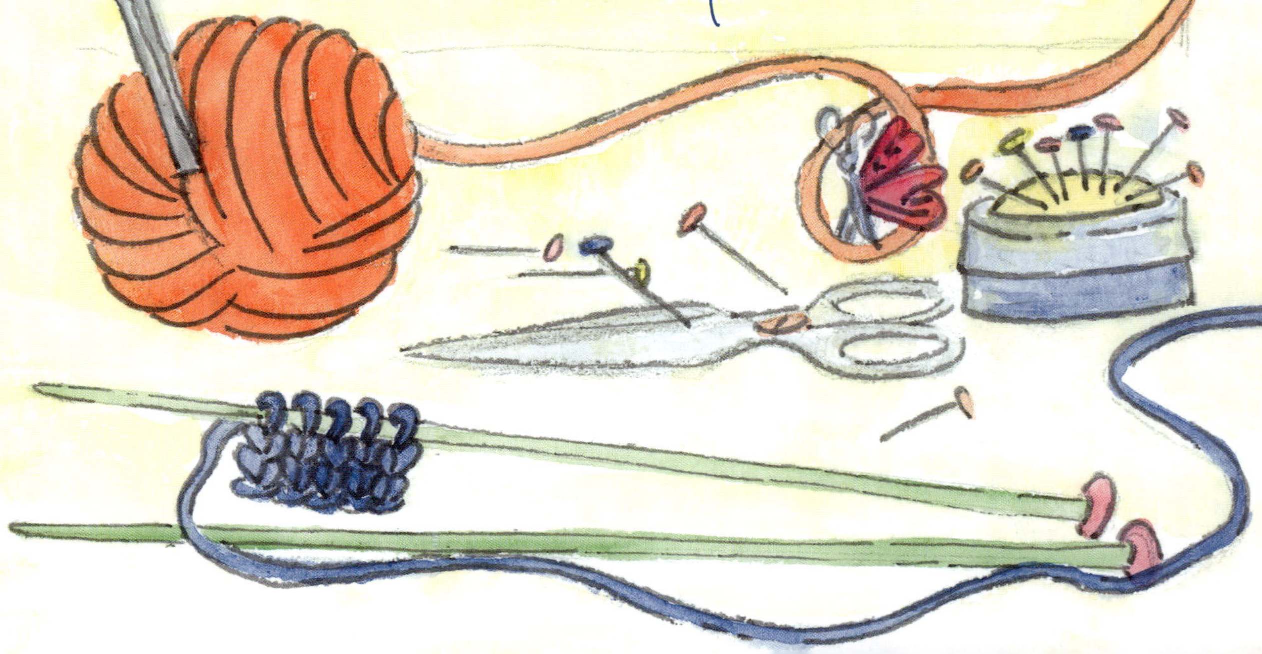

Stricknadeln

Stricknadeln gibt es aus unterschiedlichen Materialen und in vielen verschiedenen Stärken. Die meisten Stricknadeln sind aus Stahl gefertigt und deshalb außerordentlich stabil. Es gibt aber auch Stricknadeln aus Holz oder Bambus.

Die Stärke von Stricknadeln wird in Millimeter angegeben. Eine Nadelstärke von 4 bedeutet, dass der Durchmesser der Stricknadeln 4 mm beträgt.

Man unterscheidet folgende Stricknadelarten:

- **Schnellstricknadeln** mit Knopf zum Stricken in Reihen. Diese Stricknadeln sind jeweils paarweise erhältlich und werden auch als Jackenstricknadeln bezeichnet. Im Fachhandel gibt es die herkömmlichen stabförmigen Schnellstricknadeln mit einer Länge von 33 cm und spezielle Kinderstricknadeln mit einer Länge von 17 cm.
- Es gibt auch so genannte **Flex-Schnellstricknadeln**, bei denen ein flexibles Kunststoffseil mit einem kürzeren Stricknadelteil verbunden ist. Für besonders große oder schwere Strickteile sollten diese Flex-Stricknadeln verwendet werden, da sich das Gewicht des Strickteiles besser verteilt.
- **Rundstricknadeln** zum Stricken in Runden. Hier sind zwei kurze Stricknadelteile durch ein flexibles Kunststoffseil miteinander verbunden. Rundstricknadeln gibt es in unterschiedlicher Länge, sodass große und kleine Teile rund gestrickt werden können.
- **Spielstricknadeln** sind ein Set aus fünf Stricknadeln mit einer Länge von ca. 20 cm. Sie werden zum Stricken von kleineren runden Teilen sowie für Socken verwendet. Zwei dieser Nadeln kannst du z. B. auch dann verwenden, wenn du ganz kleine schmale Teile in Reihen stricken möchtest.

Ganz praktisch ist es, wenn du die Stricknadeln und das Zubehör in einer schönen Schachtel oder in einem Körbchen aufbewahrst. Dann hast du stets alles griffbereit und du musst nicht erst lange suchen.

ZUBEHÖR, DAS DU IMMER GRIFFBEREIT HABEN SOLLTEST

Diese Materialien werden in den speziellen Materiallisten nicht mehr extra aufgeführt:

- Eine spitze Schere, damit du einzelne Garnfäden gut abschneiden kannst. Vorsicht, Verletzungsgefahr!
- Ein Maßband, um die Größe der Strickteile zu kontrollieren.
- Einige Stecknadeln, um z. B. Strickteile vor dem Zusammennähen zusammenzustecken.
- Dicke stumpfe Wollnadel zum Zusammennähen von Strickteilen.
- Dünnere Nähnadeln zum Aufnähen von Perlen oder Knöpfen.

Wolle

Wolle, auch Garne genannt, gibt es in verschiedenen Qualitäten. Es gibt glatte gleichmäßige Garne, die leicht zu verarbeiten und dadurch für Anfänger besonders geeignet sind. Dazu gehören Garne aus Baumwolle, Schurwolle oder Viskose. Effektgarne mit kleinen abstehenden Härchen, flauschiger Oberfläche oder kleineren Noppen sind etwas schwieriger zu stricken. Sie wirken aufgrund ihrer Garnstruktur sehr lebendig, jedoch solltest du sie erst dann verwenden, wenn du schon ein bisschen Übung im Stricken hast. Zu den Effektgarnen gehören z. B. Mohair-, Bouclé- oder Fransengarne.

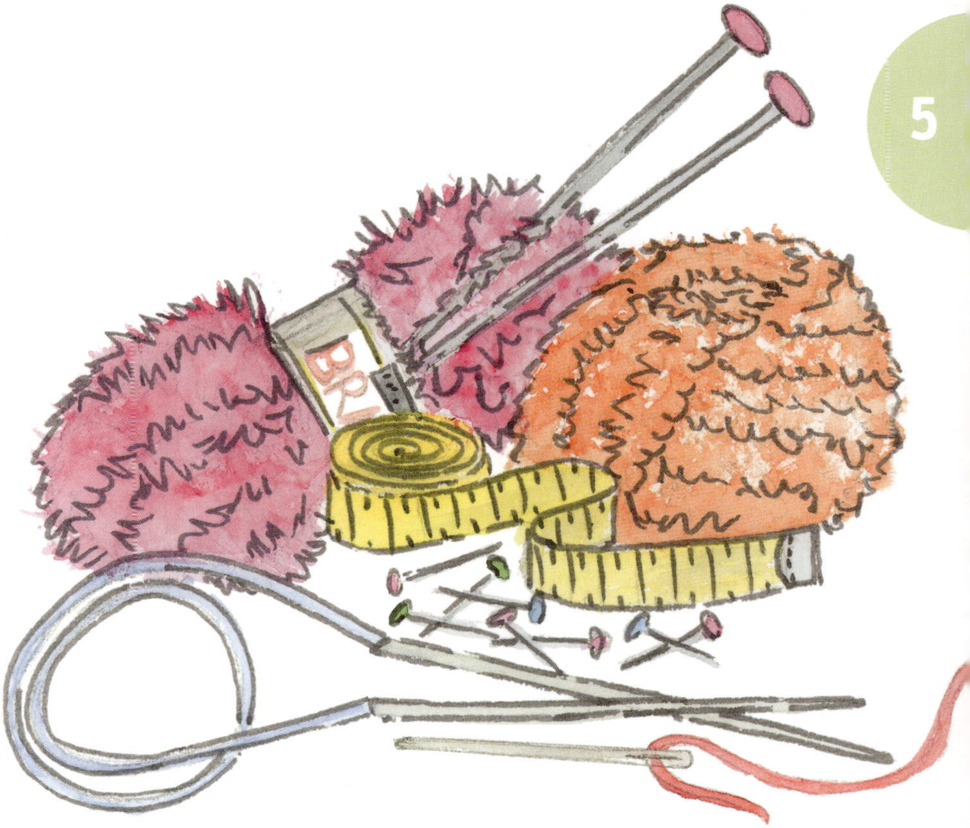

Jeder Knäuel hat ein Umband, auch Banderole genannt, auf dem du verschiedene Angaben findest, die dir bei der Auswahl der richtigen Wolle nützlich sind:

- Die genaue Zusammensetzung des Garnes in Prozentanteilen. Ein Garn kann aus einem oder einer Mischung aus zwei oder mehreren Bestandteilen bestehen.
- Die empfohlene Stricknadelstärke.
- Die Farbnummer und die Farbpartie-Nummer. Wenn mehrere Knäuel benötigt werden, solltest du darauf achten, dass alle Knäuel dieselbe Farbpartie haben. Bei unterschiedlichen Farbpartien können kleine Farbabweichungen auftauchen, die später sichtbar sind.
- Die Lauflänge (= LL) des Garnes, d. h. wie viele Meter Garn auf den Knäuel gewickelt sind.
- Eine Maschenprobe. In der Regel ist in den Anleitungen zu den Modellen immer eine Maschenprobe angegeben, die du für dein Strickmodell während des Strickens beachten solltest (siehe Seite 18).
- Pflegehinweise

Die Abkürzung Fb bei den Materiallisten gibt die Farbnummer der Wolle an.

Wenn du noch nie mit Wolle gearbeitet hast, findest du hier kleine originelle Ideen. Die sind zwar noch nicht gestrickt, aber so kannst du dich mit dem Material Wolle schon mal vertraut machen.

Pompons

Pompons sind witzig, lustig und verspielt. Gerne werden sie als schmückendes Extra z. B. an Mützen, Schals oder Taschen verwendet. Du kannst sie aber auch in kleine, drollige Tiere verwandeln.

So geht's

1 Zuerst aus einem Stück fester Pappe eine Schablone in der gewünschten Größe anfertigen. Eine Schablone besteht aus zwei Pappscheiben, die genau aufeinander passen müssen. Der Durchmesser der Scheiben entspricht der Größe des fertigen Pompons. Aus der Mitte der Scheiben jeweils ein rundes Loch schneiden. Das Loch sollte nicht zu klein sein, damit der Pompon schön dicht wird. **Als Faustregel gilt:** der Durchmesser des inneren Loches misst ca. $1/3$ des Durchmessers der Scheibe.

2 Die Pappscheiben genau aufeinander legen und kreisförmig mit der gewünschten Wolle umwickeln. Hierfür kannst du z. B. mehrere lange Fäden auf eine dicke Wollnadel fädeln. Das geht schneller, als nur mit einem Faden zu arbeiten. Die Pappscheiben so lange umwickeln, bis die Nadel nicht mehr durchgestochen werden kann.

3 Die Fäden an den Kanten entlang mit einer spitzen Schere aufschneiden. Sind alle Fäden aufgeschnitten, die freiliegenden Pappscheiben etwas auseinander schieben. Die Fäden mit einem langen Faden fest umwickeln und mit zwei festen Knoten abbinden. Dann die Pappscheiben aufschneiden und entfernen. Den Pompon gleichmäßig rund schneiden. Fertig!

Ein so genanntes Pompon-Set aus Plastik gibt es im Fachhandel zu kaufen. Wenn du viele Pompons machen möchtest, lohnt sich so ein Pompon-Set auf alle Fälle. Das Set besteht aus verschieden großen Plastik-Halbscheiben, die sich zu Schablonen zusammenstecken lassen. Damit kannst du schnell und bequem Pompons herstellen.

Pompon-Set

Lustig runde Pompontiere

Elefant

1 Zuerst einen Pompon von ø 4,5 cm in Hellblau wickeln.

2 Durch die Schablonenmitte einen hellblauen Chenilledraht schieben. Danach den Pompon aufschneiden und mit dem zweiten, doppelt gelegten hellblauen Chenilledraht abbinden. Für die Füße die überstehenden Enden des Chenilledrahts verdrehen und etwas zurückschneiden.

3 Den durch die Mitte gezogenen Chenilledraht auf der Rückseite zum Schwanz zurückschneiden, auf der Vorderseite zu einem Rüssel formen.

4 Die runden Wackelaugen aufkleben. Die Stoßzähne aus hellgelbem und die Ohren aus hellblauem Filz gemäß Vorlage ausschneiden und in den Pompon kleben.

Schwein

1 Einen Pompon von ø 4,5 cm in Pink wickeln.

2 Durch die Schablonenmitte einen rosafarbenen Chenilledraht schieben. Danach den Pompon aufschneiden und mit dem zweiten, doppelt gelegten rosafarbenen Chenilledraht abbinden.

3 Für die Füße die überstehenden Enden des Chenilledrahts verdrehen und etwas zurückschneiden. Den durch die Mitte gezogenen Chenilledraht auf der Rückseite zu einem Ringelschwänzchen, auf der Vorderseite zu einer kleinen Schnauze jeweils spiralförmig eindrehen.

4 Zwei große ovale Wackelaugen aufkleben. Aus rosafarbenem Filz gemäß Vorlage zwei Ohren ausschneiden und in den Pompon kleben. Die Pailletten auf die Schnauze kleben.

GRÖSSE
ca. ø 3 cm und 4,5 cm

MATERIAL
- Regia 4fädig in Hellblau (Fb1945), Pink (Fb 1258) und Türkis (Fb 1255), Reste
- je 2 Pomponschablonen ø 4,5 cm und 1 x ø 3 cm oder evtl. Pompon-Set
- dicke Wollnadel
- Wäscheklammer
- Bastelfarbe in Gelb
- 2 runde Wackelaugen, ø 1 cm
- 2 ovale Wackelaugen, ø 7 mm
- 2 ovale Wackelaugen, ø 1 cm
- Filzreste in Hellgelb, Rosa und Hellblau
- je 2 Chenilledrähte in Gelb, Rosa und Hellblau, ø 5 mm
- 2 Pailletten in Rosa, ø 6 mm
- UHU Alleskleber
- Pinsel

VORLAGE SEITE 79

Schnecke

1 Für den Pompon die Schablone von ø 3 cm zuerst mit Pink so lange umwickeln, bis ca. die Hälfte des Pompons erreicht ist. Danach den Pompon mit Türkis fertig wickeln, aufschneiden und abbinden.

2 Die Wäscheklammer mit der Bastelfarbe anmalen und gut trocknen lassen. Anschließend den Pompon auf den vorderen Teil der Wäscheklammer kleben.

3 Den gelben Chenilledraht laut Abbildung um das hintere Ende der Wäscheklammer binden. Die überstehenden Enden zur Spirale drehen. Dafür den Chenilledraht fest um einen Bleistift wickeln. Anschließend den Bleistift heraus ziehen. Fertig ist die Spirale! An den Enden der Spiralen die kleinen ovalen Wackelaugen aufkleben.

Werden zwei Farben, wie bei der Schnecke, nacheinander gewickelt, wird der Pompon gestreift. Je öfter du die Farbe während des Wickelns wechselst, desto mehr Streifen entstehen.

Pomponschal

GRÖSSE
ca. 1 m lang

MATERIAL
- Schachenmayr Jazz in Jeansblau (Fb 52), Orange (Fb 29), Türkis (Fb 65) und Pink (Fb 35), je 50 g
- 12 Pomponschablonen, ø 3 cm
- 6 Pomponschablonen, ø 4,5 cm oder evtl. Pompon-Set
- extra dicke Wollnadel

1 Zuerst eine ca. 1 m lange Flechtschnur anfertigen. Dafür je zwei Fäden in Orange, Pink und Jeansblau von ca. 1,20 m Länge abschneiden. Diese sechs Fäden in die extra dicke Wollnadel auffädeln und flechten (siehe Seite 10).

2 Anschließend mit Hilfe der Schablonen die Pompons anfertigen. Je zwei große Pompons in Pink und Türkis, je einen großen Pompon in Orange und Jeansblau, sowie je drei kleine Pompons in Orange, Pink, Jeansblau und Türkis wickeln.

3 Jeden Pompon nach dem Wickeln zuerst mit Hilfe der Wollnadel auf die Flechtschnur ziehen. Danach den Pompon aufschneiden, abbinden und rund schneiden. Dabei darauf achten, dass die Flechtschnur nicht beschädigt wird. Zum Schluss die Wollnadel entfernen und die Flechtschnur an den Enden verknoten.

Die Pompons kannst du laut Abbildung anordnen oder eine Reihenfolge ganz nach eigenen Vorstellungen wählen. Außerdem kannst du ganz andere Farben verwenden, falls du diesen Schal zu deinem Lieblings-Outfit kombinieren möchtest.
Ganz edel wirkt ein Schal aus weißen „Schneeball"-Pompons.

Flechten

Schöne und feste Schnüre entstehen durch das Flechten von Fäden. Dazu werden drei dickere Fäden gleicher Länge so miteinander verschlungen, dass ein V-förmiges Muster entsteht. Diese Schnüre können sehr vielfältig verwendet werden, so z. B. als Bindebänder, Schnürsenkel oder als Schmuck.

So geht's

1 Die drei Fäden parallel nebeneinander legen. Nun zuerst den linken Fadenstrang zwischen den mittleren und rechten legen.

2 Anschließend den rechten Fadenstrang zwischen den linken und mittleren legen.

3 Diese beiden Schritte stets wiederholen. Dabei darauf achten, dass die einzelnen Fäden nach jedem Arbeitsschritt gleichmäßig angezogen werden, damit die Flechtschnur nicht zu locker oder gar ungleichmäßig wird.

Anstelle von drei einzelnen Fäden können auch drei Fadenbündel, die aus mehreren Fäden bestehen, verwendet werden. Hier musst du darauf achten, dass alle Fäden eines Fadenbündels stets gleichmäßig nebeneinander liegen.

Buntes Set

Gürtel

1 Der Gürtel wird aus drei Fadenbündeln von je 1,50 m Länge geflochten. Für das ersten Fadenbündel zehn Fäden in Rosé, für das zweite Fadenbündel fünf Fäden in Pink und drei Fäden in Blau, für das dritte Fadenbündel fünf Fäden in Gelb und drei Fäden in Blau zuschneiden.

2 Die Fadenbündel so miteinander verknoten, dass ca. 20 cm lange Fäden überstehen und dann eine ca. 85 cm lange Flechtschnur anfertigen. Am Ende die restlichen Fäden ebenfalls miteinander verknoten.

3 Alle überstehenden roséfarbenen Fäden bis an den Knoten abschneiden. Auf die übrigen Fäden eine Holzperle in Orange, Rosé oder Gelb fädeln und jede Perle mit einem doppelten Knoten und einer Schleife sichern.

Armband

1 Für das Flechtband je einen Faden von ca. 40 cm Länge in Pink, Gelb und Blau zuschneiden. Alle Fäden miteinander verknoten und 10 cm lang flechten. Danach alle Fäden wieder miteinander verknoten.

2 Nun auf alle drei Fäden nacheinander eine roséfarbene, eine orangefarbene und wieder eine roséfarbene Perle auffädeln und die Fäden erneut miteinander

GRÖSSE
Gürtel, ca. 1 m lang
Kropfband, ca. 66 cm lang
Armband, ca. 27 cm lang

MATERIAL
- Schachenmayr Brazilia in Rosé (Fb 40), Rest
- Jazz in Pink (Fb 35), Gelb (25) und Blau (Fb 52), Reste
- Holzperlen in Orange und Rosa, ø 1 cm
- Holzperlen in Gelb, ø 8 mm
- Nadel
- Gummifaden

verknoten. Anschließend auf jeden Faden eine gelbe Perle fädeln und weitere 7 cm flechten, dabei die Perlen gleichmäßig verteilt einflechten. Nach 7 cm wieder alle Fäden verknoten. Nun noch einmal die rosé- und orangefarbenen Perlen wie beschrieben auffädeln, die Fäden verknoten und über weitere 10 cm flechten.

3 Zuletzt alle Fäden abschließend verknoten und die überstehenden Fadenenden gleichmäßig zurückschneiden.

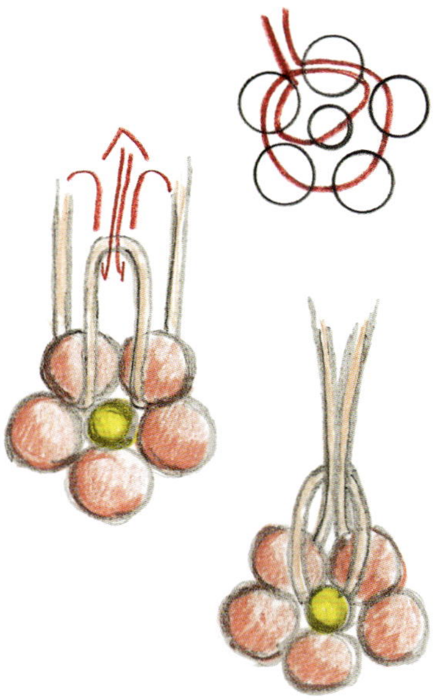

Kropfband

1 Für das Flechtband je zwei Fäden von ca. 85 cm Länge in Rosé, Gelb und Pink zuschneiden. Die Fäden miteinander verknoten und über ca. 70 cm flechten. Alle Fäden abschließend miteinander verknoten und die überstehenden Fadenenden gleichmäßig zurückschneiden.

2 Auf den Gummifaden fünf rosafarbene und eine gelbe Perle in Form einer Blume fädeln. Die Flechtschnur doppelt legen, die Schlaufe in die Blume einfädeln und die Enden durch die Schlaufe ziehen. Siehe dazu auch die Zeichnung auf dieser Seite.

Strickliesel

Strickschnüre, auch Strickkordeln genannt, sind dicker als Flechtschnüre. Sie werden mit einer Strickliesel angefertigt. Die Strickliesel besteht aus einem Hohlkörper mit Metallösen und einem Stäbchen als Stricknadel. In der Regel hat die Strickliesel vier Ösen, für dickere Schnüre gibt es auch welche mit sechs Ösen. Für ganz dicke Strickschnüre, auch Strickschläuche genannt, werden Maxi-Stricklieseln mit acht Ösen verwendet. Strickschnüre können, wie alle Schnüre oder Kordeln, sehr vielseitig eingesetzt werden.

So geht's

1 Zuerst das Garn auf eine Wollnadel fädeln und von oben durch die Strickliesel führen. Die Nadel entfernen und den Anfangsfaden ca. 10 cm lang stehen lassen. Den Faden zwischen dem kleinen Finger und dem Ringfinger der Hand festhalten.

2 Für den Anschlag mit der anderen Hand den Faden von der Mitte aus von rechts nach links um die erste Metallöse legen, sodass eine Fadenschlaufe entsteht. Danach gegen den Uhrzeigersinn zur nächsten Öse weitergehen und den Faden von hinten kommend wie beschrieben um die zweite Öse legen. Den Faden weiter um die dritte und vierte Öse führen und danach zur ersten Öse weiter gehen.

3 Für das Stricken der einzelnen Maschen den Faden vor der Öse über die Fadenschlaufe legen, dabei den Faden mit der Hand spannen. Mit der Stricknadel von oben nach unten in die Fadenschlaufe einstechen und über den gespannten oberen Faden und die Öse heben. Die erste Masche ist gestrickt. Die Strickliesel nun von rechts nach links weiterdrehen, dabei wird der Faden zur nächsten Öse geführt. Den Faden wieder vor der Öse über die Fadenschlaufe legen und abstricken. Diesen Arbeitsschritt stets wiederholen. Den aus der unteren Öffnung heraushängenden Anfangsfaden und später die Stricklieselschnur immer wieder nachziehen.

Wenn du deine Arbeit nicht immer zum Nachziehen unterbrechen willst, kannst du am Anfangsfaden ein kleines Gewicht, z.B. eine Holzkugel, befestigen. Das Gewicht sollte nicht zu schwer sein und während der Arbeit frei hängen. Dadurch wird die Strickschnur gleichmäßig nach unten gezogen.

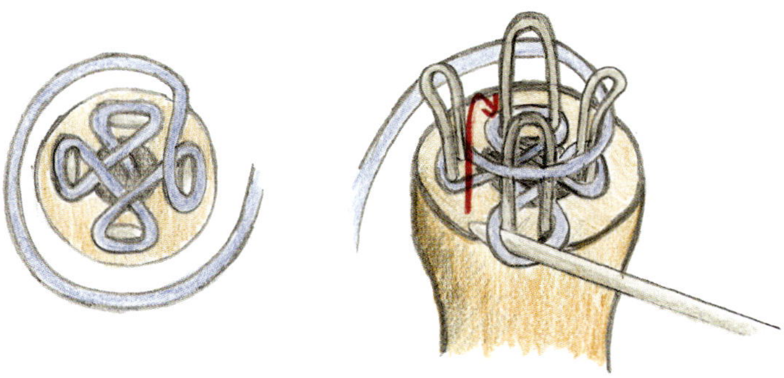

4 Hat die Strickschnur die gewünschte Länge, werden die Maschen abgekettet. Hierfür den Faden nicht zu kurz (= ca. 20 cm) abschneiden und auf eine Wollnadel fädeln. Nun den Faden mit der Wollnadel von hinten nach vorne gehend nacheinander durch die Maschen ziehen. Sind alle Maschen erfasst, diese nach oben von den Ösen schieben und die Maschen zusammenziehen. Zuletzt den Anfangs- und Endfaden in der Strickschnur vernähen.

Flaschen

1 Für jede Flasche eine Strickschnur in der entsprechenden Länge anfertigen. Für den Stern und das Herz brauchst du eine Länge von je ca. 60 cm, für eine einfache Spirale eine Länge von ca. 50 cm. Alle Fäden vernähen.

2 Den Aluminiumdraht in der passenden Länge abschneiden. Ein Drahtende mit der Zange zu einer kleinen Öse biegen und den Draht durch die Strickschnur fädeln. Die Öse wieder öffnen, den Draht um eine Masche der Strickschnur biegen und mit der Zange zusammendrücken. Das andere Drahtende ebenso an einer Masche fixieren.

3 Die Strickschnur mit dem eingezogenen Draht in die gewünschte Form biegen und um die Flaschen legen.

GRÖSSE
je nach Flaschengröße

MATERIAL
- Regia 4fädig in Ringel Clown (Fb 5048), 50 g
- Strickliesel mit 4 Ösen
- leere Flaschen aus weißem Glas
- Aluminiumdraht, ø 1 mm
- spitze Zange

Schmuck

MATERIAL

- Schachenmayr Brazilia in Blütenrosa (Fb 37), 50 g
- Maxi-Strickliesel mit 8 Ösen
- 13 Wachsperlen in Hellrosa, ø 5 mm
- Wachsperle in Hellrosa, ø 6 mm
- Verschluss für Ketten
- Ringschiene mit Platte, ø 1 cm
- Anstecknadel in Silber, 2,5 cm lang
- Gummiband, 5 mm breit, 11 cm lang
- Filz in Rot, ca. 10 cm x 10 cm
- Nähgarn in Rot
- Wollnadel
- Sicherheitsnadeln
- UHU Alleskleber

Halskette

1 Mit der Maxi-Strickliesel einen 40 cm langen Strickschlauch anfertigen.

2 Aus dem Filz einen Kreis von ø 3 cm schneiden und mit dem Nähgarn mittig auf den Strickschlauch nähen. Danach sieben Wachsperlen mittig auf den Filz nähen.

3 Die Strickschlauchenden in den Kettenverschluss kleben.

Das Aufnähen der Filzkreise gelingt ganz leicht, wenn du die Mitte der Filzkreise mit kleinen Stichen, wie bei den Knöpfen beschrieben, aufnähst (siehe Knöpfe annähen, Seite 76).

Ring

1 Mit der Maxi-Strickliesel einen 3 cm langen Strickschlauch anfertigen.

2 Den Anfangsfaden auf die Wollnadel fädeln, durch den Strickschlauch zum Schlauchende stechen und den Faden durchziehen. Anfangs- und Endfaden miteinander verknoten und die Fäden vernähen.

3 In die entstandene Mulde eine kleine Wachsperle nähen. Den Strickschlauch auf die Ringschiene kleben.

Brosche

1 Mit der Maxi-Strickliesel einen 12 cm langen Strickschlauch anfertigen. Den Strickschlauch zu einer Schnecke aufrollen und mit dem Anfangs- und Endfaden zusammennähen.

2 Aus dem Filz einen Kreis von ø 1,5 cm schneiden und mit dem Nähgarn mittig auf die Schnecke nähen. Die große Wachsperle mittig auf den Filz nähen. Die Anstecknadel auf der Rückseite festnähen.

Haargummi

1 Mit der Maxi-Strickliesel einen 16 cm langen Strickschlauch anfertigen. Die Maschen jedoch nicht abketten, sondern auf eine Sicherheitsnadel fädeln.

2 Nun zuerst das Gummiband mit Hilfe einer weiteren Sicherheitsnadel durch den Strickschlauch ziehen und anschließend zum Ring zusammennähen. Nun die Maschen einzeln von der Sicherheitsnadel nehmen und an die Anfangsmaschen des Strickschlauches nähen.

3 Aus dem Filz einen Kreis von ø 2,5 cm schneiden und mit dem Nähgarn mittig auf das Haargummi nähen. Zuletzt fünf Wachsperlen mittig auf den Filz nähen.

Im Kapitel „Verarbeitung" auf Seite 74 findest du eine genaue Erklärung, wie du die Maschen zusammennähen kannst, damit eine schöne Naht entsteht.

Zum Stricken brauchst du Wolle und zwei Stricknadeln. Am besten beginnst du mit einem glatten Garn, das nicht zu dünn ist. So kannst du problemlos üben, bis du im Umgang mit den Stricknadeln sicher bist. Zum Grundwissen gehört der Anschlag sowie rechte und linke Maschen. Damit lassen sich bereits kleine, trendige Ideen umsetzen.

Maschen anschlagen

Der Anschlag ist der Anfang allen Strickens! Hier werden Maschen in Form von Schlingen auf die Stricknadeln genommen, aus denen in Reihen oder Runden die entsprechenden Maschen herausgestrickt werden. Für die Schlingen muss ein langer Anfangsfaden stehen bleiben. Je mehr Maschen auf die Stricknadel angeschlagen werden, desto kürzer wird dieser Anfangsfaden.

Die Anfangsschlinge

So geht's

1 Den Fadenanfang zu einer Schlinge legen und den Faden von hinten nach vorne durch die Schlinge ziehen.

2 Die Schlinge auf die Stricknadel nehmen und leicht anziehen. Dies ist die erste Masche.

Länge des Anschlagfadens

Um die Länge des Anfangfadens zu bestimmen gilt **folgende Faustregel**: Zuerst 10 Maschen anschlagen und den Faden der zum Fadenende führt nach der letzten angeschlagenen Masche markieren. Danach die Maschen bis zur Anfangsschlinge wieder aufziehen und die Länge zwischen der Markierung und der Anfangsschlinge abmessen.
Nun kannst du die Länge des Anfangsfadens wie folgt berechnen: Die für dein Strickmodell benötigte Maschenzahl mit den gemessenen Zentimetern multiplizieren und das Ergebnis durch 10 teilen. Dann werden noch ca. 20 cm zum Vernähen dazu gezählt.

Ein Beispiel:
10 Maschen ergeben 12 cm Faden.
Für dein Strickmodell benötigst du 25 Maschen, das ergibt also
25 x 12 : 10 = 30 cm für den Anschlag + 20 cm zum Vernähen = 50 cm insgesamt.

Formel: Benötigte Maschenzahl x Länge für 10 Maschen : 10 Maschen = Länge des benötigten Fadens + 20 cm zum Vernähen = Länge des Anschlagfadens

Wenn dir das zu kompliziert ist, kann du für den Anschlag auch einfach einen sehr langen Faden stehen lassen. Danach schneidest du ihn auf ca. 20 cm zurück.

Das Anschlagen

So geht's

1 Die Stricknadel mit der Anfangsschlinge so zwischen Daumen und Zeigefinger halten, dass der Faden, der zum Knäuel führt um den Zeigefinger und der Faden, der zum Fadenende führt ebenso in Form einer Schlinge um den Daumen geführt wird.

2 Nun mit der Stricknadel von unten in die Schlinge stechen, den vom Zeigefinger kommenden Faden holen und durch die Schlinge ziehen.

3 Die Schlinge vom Daumen gleiten lassen und die auf der Nadel entstandene Maschen dicht an der ersten Maschenschlinge festziehen. Dabei kann der Daumen zu Hilfe genommen werden.

4 Anschließend um den Daumen eine neue Schlinge legen und die nächste Masche anschlagen. Diesen Vorgang so oft wiederholen, wie Maschen gebraucht werden.

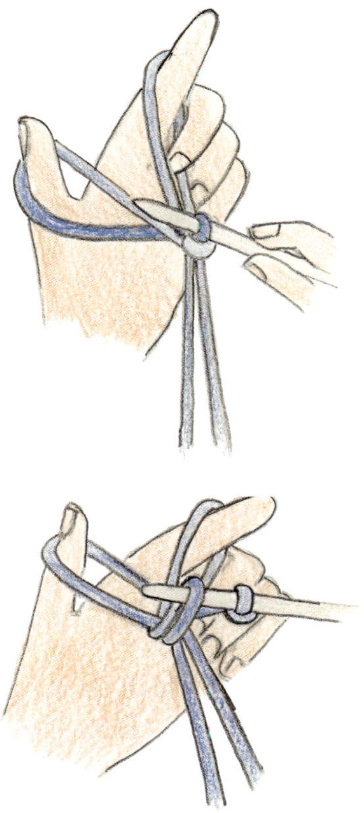

Karten

1 Zuerst für jede Karte die angegebene Anzahl Maschen in der entsprechenden Farbe anschlagen.

2 Den Anfangs- und Endfaden jeweils zurückschneiden. Die Maschen auf der Stricknadel anfeuchten und gut trocknen lassen.

3 Während die Maschen trocknen, aus dem Fotokarton ein Rechteck von 10,5 cm x 15 cm ausschneiden. Das Motiv von der Vorlage abzeichnen und auf den Fotokarton übertragen.

4 Nach dem Trocknen die Maschen von der Stricknadel schieben und vorsichtig aufziehen, sodass der Faden gekräuselt bleibt. Die entsprechende Fläche der Vorlage mit dem Klebestift bestreichen und den Faden gekräuselt aufkleben.

Herz

Für das Herz nacheinander je 30 Maschen in Rot und Pink anschlagen. Die aufgezogenen Maschen in das große Herz kleben. Gleichmäßig verteilt kleine Herzen aufmalen und verstreut fünf Pailletten in die kleinen Herzen kleben.

Schaf

Für das Schaf 90 Maschen in Weiß anschlagen. Die aufgezogenen Maschen in den Körper des Schafes kleben. Ein Wackelauge in das Gesicht kleben. Die ausgestanzten Blümchen laut Abbildung aufkleben.

GRÖSSE
ca. 10,5 cm x 15 cm

MATERIAL

- Regia 4fädig, Reste: für das Herz in Orange (Fb 1259) und Rot (Fb 2054); für das Schaf in Weiß (Fb 600)
- 1 Paar Stricknadeln Nr. 3,5
- Lackstift in Weiß
- Wackelauge, ø 5 mm
- 4 Pailletten in Türkis, ø 6 mm
- Motivlocher „Blümchen"
- Tonkarton in Orange, Rest
- je 1 Bogen Fotokarton in passender Farbe, wie z. B. Dunkelblau und Orange
- Klebestift

VORLAGE SEITE 79

Rechte Maschen

Die rechte Masche ist eine der wichtigsten Grundmaschen. Auf der Vorderseite der Masche entsteht eine V-förmige Schlinge, auf der Rückseite liegt der Faden quer unter der Nadel und bildet eine kleine Rippe, auch „Räupchen" genannt.

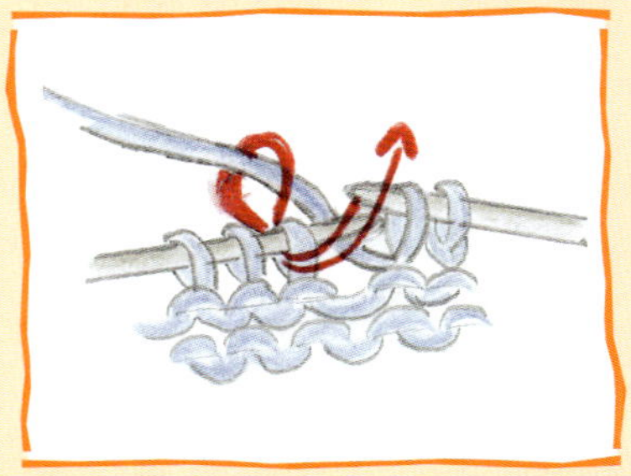

Rechte Maschen stricken

So geht's

1 Mit der rechten Nadel von vorne nach hinten in die vorderste Masche der linken Nadel einstechen. Der Faden verläuft hinter der Arbeit.

2 Den Faden holen und durch die Masche nach vorne ziehen. Die fertige Masche von der linken Nadel gleiten lassen. Auf der rechten Nadel liegt eine neue Masche.

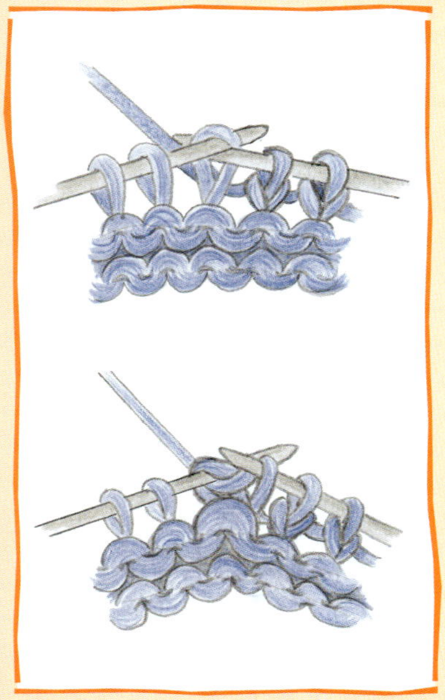

Randmaschen stricken

So geht's

1 Als Randmaschen bezeichnet man die erste und letzte Masche jeder Reihe eines Strickstückes. Beim Wenden der Strickarbeit wird die letzte Masche als erste Masche gestrickt.

2 Es gibt sehr unterschiedliche Methoden, Randmaschen zu stricken. Für Anfänger eignet es sich, die Maschen immer so zu stricken, wie sie erscheinen. Wie hier bei kraus rechts, werden die Hinreihen und die Rückreihen rechts gestrickt, ebenso die Randmaschen.

Grundmuster – Hinreihen und Rückreihen

Im Grundmuster wird beschrieben, wie die Maschen gestrickt werden sollen, damit ein bestimmtes Muster entsteht. Die einzelnen Reihen nennt man Hinreihen oder Rückreihen. Bei einer Hinreihe liegt während des Strickens die Vorderseite des Strickteiles vorne. Bei einer Rückreihe liegt während des Strickens die Rückseite des Strickteiles vorne.

Maschenprobe

Die Maschenprobe ist ein wichtiger Bestandteil von allen Anleitungen. In der Regel gibt sie die Anzahl von Maschen und Reihen für ein Quadrat der Größe 10 cm x 10 cm an. Bevor du mit dem Stricken beginnst, solltest du eine Maschenprobe nach den entsprechenden Angaben (z. B. ob in einem bestimmten Muster gestrickt oder vielleicht ein doppelter Faden verwendet wird) anfertigen, um zu überprüfen, ob dein Strickteil mit der angegeben Maschenprobe übereinstimmt.
Fällt dein Strickteil größer aus, strickst du lockerer als angegeben und du solltest dann Stricknadeln kleinerer Stärke benutzen, sodass das Strickteil fester wird. Fällt es kleiner aus, strickst du fester als angegeben und du verwendest dann Stricknadeln größerer Stärke, sodass das Strickteil lockerer wird.

Grundmuster Kraus rechts

Wenn du in jeder Hinreihe und Rückreihe stets rechte Maschen strickst, entstehen auf der Vorder- und Rückseite jeweils Räupchen. Dieses Grundmuster wird Kraus rechts genannt.

Abketten

Wenn das Strickteil fertig ist, kannst du die Nadel nicht einfach aus den Maschen herausziehen, sonst würden sich die Maschen wieder auflösen. Deshalb müssen alle Maschen, die noch auf der Stricknadel liegen, so abgestrickt werden, dass sie abgeschlossen sind. Das Abschließen der Maschen in der letzten Reihe nennt man Abketten. Es gibt mehrere Möglichkeiten, Maschen abzuketten. Hier lernst du das Abketten durch Überziehen der einzelnen Maschen.

So geht's

1 Zuerst die ersten zwei Maschen nacheinander auf die rechte Nadel stricken.

2 Nun mit der linken Nadel von links nach rechts in die hintere Masche einstechen und diese über die vordere Masche ziehen. Auf der rechten Nadel liegt nur noch eine Masche. Die abgekettete Masche liegt als V-förmige Schlinge quer unter der rechten Nadel.

3 Danach die nächste Masche stricken, sodass wieder zwei Maschen auf der rechten Nadel liegen und wieder die hintere Masche über die vordere ziehen. Diesen Vorgang so oft wiederholen bis alle Maschen abgekettet sind und nur noch eine Masche auf der rechten Nadel liegt. Danach den Faden großzügig abschneiden und durch die letzte Schlinge ziehen. Bitte beim Abketten nicht zu fest stricken.

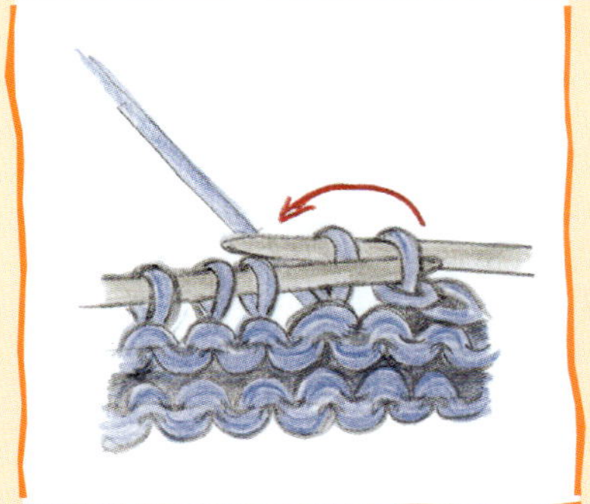

Ansteckblume

1 Zuerst 90 Maschen anschlagen. Nun eine Reihe rechte Maschen stricken, jedoch die Maschen gleichzeitig wieder abketten. So entsteht ein langes gestricktes Band.

2 Anschließend noch ein zweites Band mit 30 Maschen genauso stricken. Alle Fäden vernähen.

3 Aus dem langen Band sechs gleich große Blütenblätter formen und zusammennähen. Das kurze Band doppelt legen und hinter die Blume nähen.

4 Zehn Indianerperlen in die Blütenmitte, an den Enden des kurzen Bandes je drei Perlen festnähen. Die Anstecknadel auf die Rückseite der Blume nähen.

GRÖSSE
ca. ø 8 cm

MATERIAL
- Schachenmayr Denim in Rosé meliert (Fb 37), Rest
- 1 Paar Stricknadeln Nr. 4
- 16 Indianerperlen in Rot, ø 4,5 mm
- Anstecknadel in Silber, 3 cm lang
- passendes Nähgarn
- Wollnadel
- Nähnadel

GRÖSSE
ca. 9 cm

MATERIAL
- Schachenmayr Brazilia in Grasgrün (Fb 77), Rest
- 1 Paar Stricknadeln Nr. 4,5
- Chenilledraht in Rosa, Gelb, Lila und Blau, ø 6 mm, je 30 cm lang
- 3 Holzperlen in Rot, ø 2 cm
- je 2 Pailletten in Grün, Lila und Rosa, ø 6 mm
- 6 Wackelaugen, ø 5 mm
- 3 Holzwäscheklammern, 7 cm lang
- UHU Alleskleber

MASCHENPROBE
18 Maschen und 34 Reihen im Grundmuster gestrickt = 10 cm x 10 cm

GRUNDMUSTER
Kraus rechts: Hinreihe rechte Maschen, Rückreihe rechte Maschen

Kleine Glückswürmchen

1 Für das Gras 16 Maschen anschlagen und 10 Reihen kraus rechts stricken. Danach alle Maschen abketten und die Fäden vernähen. Insgesamt dreimal stricken.

2 Das Gras auf die Wäscheklammern kleben. Die Chenilledrähte in Rosa, Gelb und Lila jeweils um einen Bleistift zur Spirale wickeln. Bleistift wieder herausziehen. Jedes Schwanzende noch etwas zusammendrehen, sodass eine Spitze entsteht. Die Holzperlen als Köpfe auf die Drähte stecken und festkleben.

3 Aus dem blauen Chenilledraht drei Stücke von je ca. 3 cm abschneiden und zu Fühlern biegen. Fühler in die Holzperlen kleben. Die Wackelaugen auf die Pailletten kleben. Die jeweils passenden Augen aufkleben (siehe Abbildung).

Hip und trendy: der Poncho

GRÖSSE
122-128 (134-140) 146-152

MATERIAL
- Schachenmayr Hip Hop in Exotik Color (Fb 83), 125 g (150 g) 175 g
- Rundstricknadel Nr. 7
- dicke Wollnadel

MASCHENPROBE
9 Maschen und 18 Reihen im Grundmuster gestrickt = 10 cm x 10 cm

GRUNDMUSTER
Kraus rechts: Hinreihe rechte Maschen, Rückreihe rechte Maschen

Achtung!
Die Angaben vor den Klammern sind für die Größe 122-128, in den Klammern für die Größe 134-140, hinter den Klammern für die Größe 146-152.

Die Angaben für deine Größe markierst du am besten mit einem Textmarker. So hast du immer den Überblick und musst während des Strickens nicht lange nach den Angaben suchen.

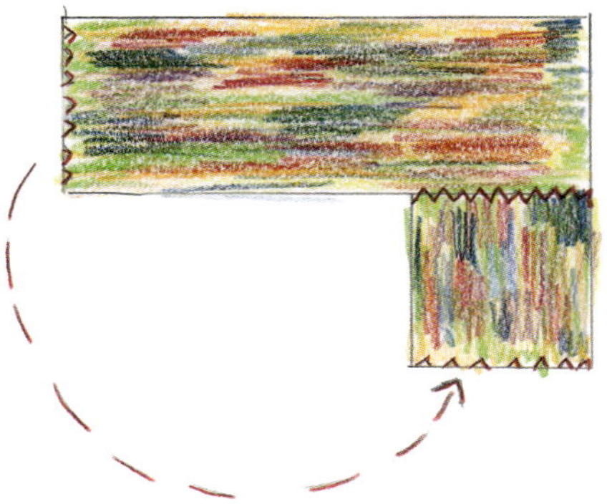

1 Zuerst ein Quadrat stricken. Dazu 32 (36) 40 Maschen anschlagen und im Grundmuster 64 (72) 82 Reihen kraus rechts stricken = 36 cm x 36 cm (40 cm x 40 cm) 44 cm x 44 cm.

2 Anschließend ein Rechteck stricken. Hierfür 96 (108) 120 Maschen anschlagen und im Grundmuster 64 (72) 82 Reihen stricken = 107 cm x 36 cm (120 cm x 40 cm) 133 cm x 44 cm.

3 Das Rechteck und das Quadrat laut Schemazeichnung zusammennähen.

Die Fäden kannst du in den Randmaschen vernähen, das fällt bei diesem Material überhaupt nicht auf. Wenn du deinen Poncho noch verzieren möchtest, nimm einfach eine schöne Brosche oder strick dir die Ansteckblume von Seite 19 passend dazu.

GRÖSSE

alle Handgrößen

MATERIAL

- 1 Paar Stricknadeln Nr. 4,5
- dicke Wollnadel

MUFF

- Schachenmayr Papillon in Orange (Fb 26), 50 g
- Schachenmayr Brazilia in Orange (Fb 28), 50 g

PULSWÄRMER

- Schachenmayr Denim in Hellblau meliert (Fb 53), 50 g

FINGERLOSE HANDSCHUHE

- Schachenmayr Denim in Orange meliert (Fb 26), 50 g
- Schachenmayr Brazilia in Orange (Fb 28), Rest

MASCHENPROBEN MUFF

16 Maschen und 30 Reihen im Grundmuster mit Papillon gestrickt = 10 cm x 10 cm

18 Maschen und 34 Reihen im Grundmuster mit Brazilia gestrickt = 10 cm x 10 cm

PULSWÄRMER

17 Maschen und 30 Reihen im Grundmuster mit doppeltem Faden gestrickt = 10 cm x 10 cm

FINGERLOSE HANDSCHUHE

17 Maschen und 30 Reihen im Grundmuster mit doppeltem Faden gestrickt = 10 cm x 10 cm

GRUNDMUSTER FÜR ALLE MODELLE

Kraus rechts: Hinreihe rechte Maschen, Rückreihe rechte Maschen

Alles für warme Hände

Muff

1 Zuerst 50 Maschen mit Brazilia anschlagen und 22 cm (= 76 Reihen) im Grundmuster stricken. Danach alle Maschen abketten.

2 Anschließend 46 Maschen mit Papillon anschlagen und 22 cm (= 66 Reihen) im Grundmuster stricken. Danach alle Maschen abketten.

3 Strickteile spannen, anfeuchten und trocknen lassen.

4 Den Muff wie folgt zusammennähen: Zuerst die Längsseiten beider Strickteile jeweils zum Ring zusammennähen, sodass zwei gleich große Strickschläuche entstehen. Den Strickschlauch aus Brazilia in den Strickschlauch aus Papillon schieben und an den offenen Schmalseiten zusammennähen. Alle Fäden vernähen.

5 Für das Umhängeband ein Fadenbündel aus sechs Fäden Brazilia und zwei Fadenbündel aus je sechs Fäden Papillon auf ca. 1,10 m Länge abschneiden und zu einem Band flechten. Das Umhängeband an den Muff nähen. Die Enden des Bandes gerade abschneiden.

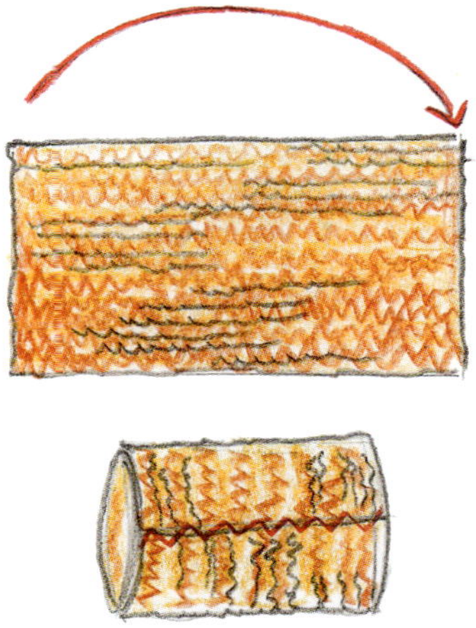

Wenn du möchtest, kannst du beim Zusammennähen der seitlichen Ränder ein kleines Stück als Tasche oder vielleicht sogar als Geheimfach offen lassen. Durch diese Öffnung kannst du z.B. Taschentücher, einen Schlüssel usw. zwischen die Außen- und Innenseite deines Muffes schieben.

Pulswärmer

1 25 Maschen mit doppeltem Faden anschlagen und 5 cm (= 16 Reihen) im Grundmuster stricken. Danach alle Maschen abketten. Den Pulswärmer zweimal stricken.

2 Strickteile spannen, anfeuchten und trocknen lassen. Alle Fäden vernähen. Jedes Strickteil an den Schmalseiten zusammennähen.

Fingerlose Handschuhe

1 Für den ersten Handschuh 25 Maschen mit doppeltem Faden anschlagen und 13 cm (= 40 Reihen) im Grundmuster stricken. Danach alle Maschen abketten.

2 Den zweiten Handschuh genauso stricken. Strickteile spannen, anfeuchten und trocknen lassen.

3 Die Handschuhe an den Schmalseiten wie folgt zusammennähen: Am unteren Rand beginnen und zuerst 6 cm zusammennähen. Dann für das Daumenloch 4 cm offen lassen und zuletzt die übrigen 3 cm wieder zusammennähen. Alle Fäden vernähen.

4 Für die puscheligen Umrandungen einen doppelten Faden Brazilia in die Wollnadel fädeln. Die Maschen am oberen Rand und um das Daumenloch mit Brazilia umstechen (siehe auch Seite 77).

Mini-Täschchen

Umhänge-Täschchen

1 64 Maschen anschlagen und im Grundmuster 28 Reihen stricken. Danach alle Maschen abketten.

2 Das Strickteil so legen, dass die Schmalseiten oben und unten liegen. Die untere Schmalseite 12 cm breit nach vorne umschlagen und die aufeinander liegenden seitlichen Ränder zusammennähen.

3 Danach die überstehenden 4 cm als Taschenklappe nach vorne umschlagen. Zwölf Fäden von je 1,30 m abschneiden, zu drei Fadenbündeln von je vier Fäden zusammenlegen und eine Flechtschnur anfertigen.

4 Die Enden der Flechtschnur jeweils verknoten und die überstehenden Fäden zurückschneiden. Die Knoten in den Ecken am unteren Rand des Täschchens festnähen und die Flechtschnur über die seitlichen Ränder nähen.

5 Auf der Taschenklappe laut Abbildung drei Reihen Pailletten zusammen mit Rocailles festnähen.

Hals-Täschchen

1 52 Maschen anschlagen und im Grundmuster 23 Reihen stricken. Danach alle Maschen abketten.

2 Das Strickteil so legen, dass die Schmalseiten oben und unten liegen. Die untere Schmalseite 9 cm breit nach vorne umschlagen und die aufeinander liegenden seitlichen Ränder zusammennähen. Danach die überstehenden 5 cm als Taschenklappe nach vorne umschlagen.

3 Neun Fäden von je 75 cm abschneiden, zu drei Fadenbündeln von je drei Fäden zusammenlegen und eine Flechtschnur anfertigen. Die Flechtschnur wie beim Umhänge-Täschchen beschrieben an die seitlichen Ränder nähen.

4 Auf der Taschenklappe laut Abbildung eine Blüte aus Pailletten zusammen mit Rocailles festnähen. Zuletzt 14 Fäden von je 5 cm Länge schneiden, 7 x je zwei Fäden zusammenlegen und diese gleichmäßig verteilt am unteren Rand der Taschenklappe als Fransen einknüpfen (siehe auch Zeichnung Seite 36).

Annähen von Pailletten zusammen mit Rocailles

Zuerst den Faden auf der Rückseite des Strickteiles fixieren. Dann an der Stelle, an der die Paillette liegen soll von hinten nach vorne ausstechen und nacheinander eine Paillette und eine Rocaille auffädeln. Nun den Faden um die Rocaille führen und nur durch die Paillette wieder einstechen. Den Faden so anziehen, dass die Rocaille direkt auf der Paillette liegt. Den Faden auf der Rückseite mit einem Knoten fixieren und zur nächsten Ausstichstelle weiter gehen.

Gürtel-Täschchen

1 Für das Täschchen zuerst 26 Maschen anschlagen und im Grundmuster 82 Reihen stricken. Dann alle Maschen abketten.

2 Für eine Gürtelschlaufe 14 Maschen anschlagen und im Grundmuster 14 Reihen stricken. Danach alle Maschen abketten. Insgesamt drei Gürtelschlaufen stricken.

3 Das Strickteil so legen, dass die Schmalseiten oben und unten liegen. Die untere Schmalseite 6 cm breit nach vorne umschlagen und die aufeinander liegenden seitlichen Ränder zusammennähen. Danach die überstehenden 5 cm als Taschenklappe nach vorne umschlagen.

3 Die Gürtelschlaufen an der Rückseite gleichmäßig verteilen, feststecken und annähen. Dabei nur die Schmalseiten der Schlaufen festnähen. Am unteren Rand der Taschenklappe die Indianerperlen annähen.

GRÖSSE
Umhänge-Täschchen
ca. 6 cm x 12 cm
Hals-Täschchen
ca. 5 cm x 9 cm
Gürtel-Täschchen
ca. 11 cm x 6 cm

MATERIAL

- Schachenmayr Micro Color für das Umhänge-Täschchen in Weiß-Gelb meliert (Fb 93), 50 g für das Hals-Täschchen in Rot-Pink meliert (Fb 80), 50 g für das Gürtel-Täschchen in Bunt meliert (Fb 89), 50 g
- 1 Paar Stricknadeln Nr. 4,5
- dicke Wollnadel
- Nähnadel
- Pailletten in passenden Farben, ø 6 mm
- Rocailles in passenden Farben, ø 2,6 mm
- Indianerperlen in passenden Farben, ø 4,5 mm
- passendes Nähgarn

MASCHENPROBE
23 Maschen und 46 Reihen im Grundmuster gestrickt = 10 cm x 10 cm

GRUNDMUSTER
Kraus rechts: Hinreihe rechte Maschen, Rückreihe rechte Maschen

Die Mini-Täschchen sind super geeignet für Handys, Telefonkarten, MP3 Player, Kleingeld und anderen Krimskrams – unglaublich, was da alles reinpasst!

Linke Maschen

Die linke Masche ist die zweite, wichtige Grundmasche. Wenn du eine linke Masche strickst, entsteht auf der Vorderseite eine kleine Rippe oder ein Räupchen. Die linke Masche sieht also auf der Vorderseite genauso aus, wie eine rechte Masche auf der Rückseite.

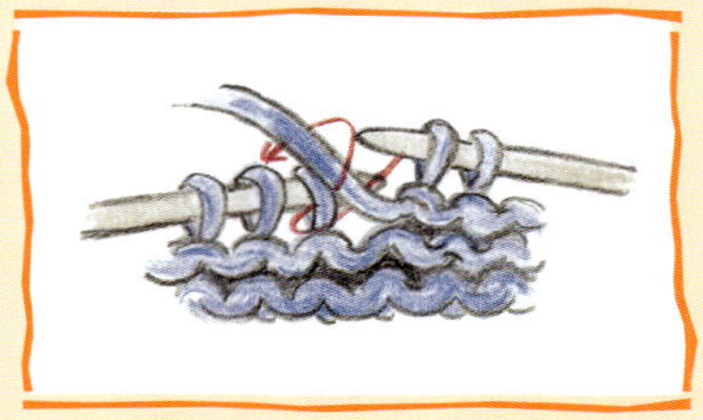

Linke Maschen stricken

So geht's

1 Den Faden vor die Arbeit legen. Danach von rechts nach links in die vorderste Masche der linken Nadel stechen.

2 Nun den Faden auf die rechte Nadel holen. Dafür den Faden von hinten nach vorne um die Nadel legen. Den Faden durch die vorderste Masche nach hinten durchholen und gleichzeitig die Masche von der linken Nadel gleiten lassen.

3 Die fertig abgestrickte Masche der linken Nadel liegt direkt unter der neuen Masche der rechten Nadel. Auf der rechten Nadel liegt die neue Masche.

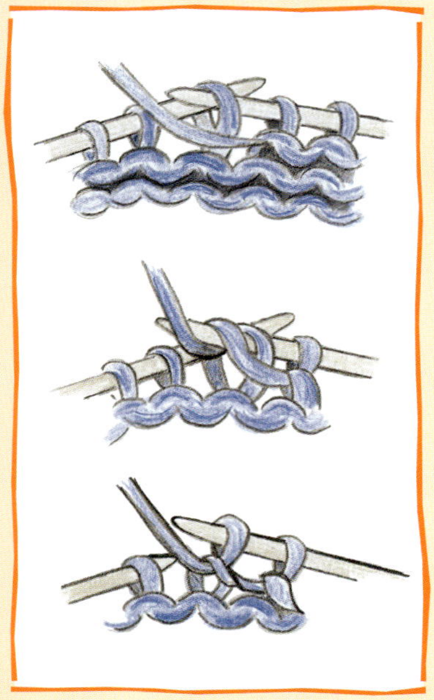

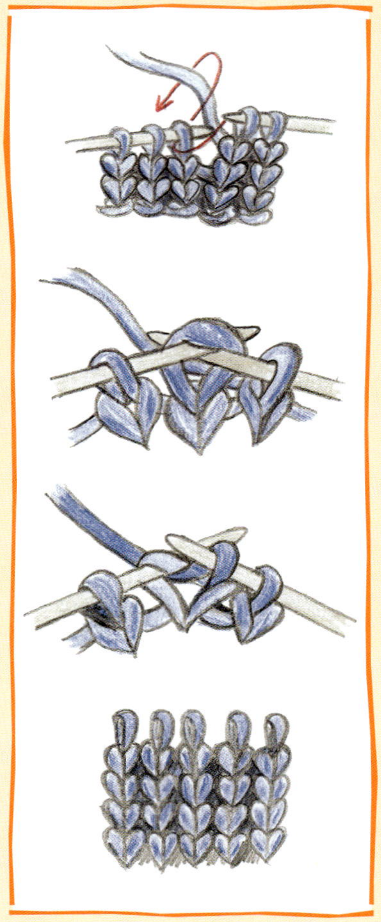

Grundmuster Glatt rechts

Werden in allen Hinreihen stets rechte Maschen und in allen Rückreihen stets linke Maschen gestrickt, so entstehen auf der Vorderseite V-förmige Maschen = rechte Maschen und auf der Rückseite Räupchen = linke Maschen. Dieses Muster wird Glatt rechts genannt.

Grundmuster Glatt links

Werden in allen Hinreihen stets linke Maschen und in allen Rückreihen stets rechte Maschen gestrickt, so entstehen auf der Vorderseite Räupchen = linke Maschen und auf der Rückseite V-förmige Maschen = rechte Maschen. Dieses Muster wird Glatt links genannt.

Abketten von linken Maschen

Linke Maschen werden, wie bei den rechten Maschen beschrieben, durch Überziehen abgekettet, jedoch werden die Maschen links gestrickt (siehe Abketten auf Seite 19).

Wenn z.B. in einer Reihe unterschiedliche Maschen gestrickt werden und die letzte Reihe abgekettet werden soll, so heißt es in der Anleitung meist: „Die Maschen abketten, wie sie erscheinen". Das bedeutet, dass die Maschen rechts oder links abgekettet werden, je nachdem, wie sie gestrickt werden müssen (siehe Seite 36 Rippenmuster der Stulpen).

Karte und Bild

1 Pro Karte 30 Maschen anschlagen und im Grundmuster 36 Reihen stricken. Danach alle Maschen abketten.

2 Strickteile spannen, anfeuchten und trocknen lassen.

3 Die Motive gemäß Vorlage auf die Vorderseite der Doppelkarte übertragen. Die entsprechenden Flächen ausschneiden (siehe auch Abbildung) und die Konturen mit Glitterglue umranden. Beim Schmetterling noch Fühler, beim Blatt noch mehrere kleine Blätter mit Glitterglue aufmalen.

4 Das Strickteil mit doppelseitigem Klebeband hinter den Ausschnitt der Karte kleben. Bei der gelben Karte das Einlegeblatt über das Strickteil kleben, die blaue Karte zusammenklappen und einrahmen.

Eine selbst gemachte Karte oder ein schönes Bild sind immer tolle Geschenke. Du kannst viele eigene Ideen umsetzen und mit kleinen netten Details, wie z.B. Bändern, Perlen oder auch witzigen Knöpfen phantasievoll dekorieren.

GRÖSSE
ca. 10,6 cm x 15 cm

MATERIAL

- Regia 6fädig Color, Reste für den Schmetterling in Crazy Bonbon (Fb 5404) für das Blatt in Crazy Dschungel (Fb 5264)
- 1 Paar Stricknadeln Nr. 4
- dicke Wollnadel
- je eine Doppelkarte, DIN A6 (21 cm x 14,8 cm) in Gelb und Blau
- Einlegeblatt, DIN A6 (10,5 cm x 14,8 cm) in Gelb
- passender Bilderrahmen
- Cutter oder Schere
- Stift „Glitterglue“ in Blau und Pink
- UHU Alleskleber
- doppelseitiges Klebeband

MASCHENPROBE
22 Maschen und 30 Reihen im Grundmuster gestrickt = 10 cm x 10 cm

GRUNDMUSTER
Glatt rechts: Hinreihe rechte Maschen, Rückreihe linke Maschen

VORLAGE SEITE 80

Zeitungshalter

1 24 Maschen anschlagen und im Grundmuster 84 Reihen stricken. Danach alle Maschen abketten.

2 Teil spannen, anfeuchten und trocknen lassen.

3 Die Prospekthülle am unteren Rand und an einer Längsseite aufschneiden. Die Außenkanten der offenen Längsseite und der beiden Schmalseiten im Abstand von 1 cm lochen. Die Prospekthülle um den Kleiderbügel legen und die gelochten Längsseiten mit Hip Hop zusammennähen.

4 Das Strickteil so um den Kleiderbügel mit der Prospekthülle legen, dass die Schmalseiten aufeinander treffen. Die Schmalseiten zusammennähen. Die seitlichen Ränder von Strickteil und Prospekthülle zusammennähen. Alle Fäden vernähen.

5 Mit Denim und der Strickliesel eine ca. 70 cm lange Strickschnur anfertigen. Die Strickschnur in Blumenform auf die Vorderseite legen, zuerst mit Stecknadeln feststecken und danach aufnähen.

6 Aus dem Filz fünf rosafarbene Kreise von je ø 1,5 cm, sowie fünf lila Kreise von je ø 2,5 cm und einen gelben Kreis mit ø 3 cm schneiden. In die Mitte aller Kreise mit der Schere je einen Schlitz von ca. 5 mm einschneiden. Die Filzkreise mit Hilfe der Musterbeutelklammern in der Blumenmitte befestigen. Dafür die Klammern durch die Schlitze der Filzkreise und die Vorderseite stecken und auf der Innenseite des Strickteiles auseinander klappen.

Statt der Strickschnur kannst du z.B. auch eine Flechtschnur anfertigen und aufnähen.

Ansteckblumen

GRÖSSE
ø ca. 4,5 cm

MATERIAL
- Schachenmayr Catania in Gelb (Fb 208), Türkis (Fb 146) und Orange (Fb 189), Reste
- 1 Paar Stricknadeln Nr. 4
- 9 Wachsperlen in Weiß, ø 6 mm
- 3 Anstecknadeln in Silber, 3 cm lang
- passendes Nähgarn
- dicke Wollnadel
- Nähnadel
- UHU Alleskleber

GRUNDMUSTER
Glatt links: Hinreihe linke Maschen, Rückreihe rechte Maschen

1 Für eine Blume 30 Maschen anschlagen und im Grundmuster 8 Reihen stricken. In der 9. Reihe alle Maschen links abketten.

2 Den Faden abschneiden, dabei den Endfaden zum Zusammennähen länger stehen lassen. Je eine Blume pro Farbe stricken.

3 Den Anfangsfaden in die Wollnadel fädeln. In der Anschlagsreihe abwechselnd eine Masche auf die Nadel nehmen (von rechts einstechen und die beiden V-förmigen Maschenglieder fassen) und die folgende Masche auslassen. Man kann auch sagen, mit der Nadel durch die Maschen weben. Danach die Maschen der Anschlagreihe zusammenziehen.

4 Durch die Randräupchen auf beiden Seiten den Anfangs- und Endfaden durchziehen und zusammenziehen.

5 Das Strickteil zur Blume rollen und auf der Unterseite vernähen.

6 Je drei Perlen in die Blumenmitte und eine Anstecknadel an die Rückseite nähen.

GRÖSSE
ca. 30 cm x 30 cm

MATERIAL

- Schachenmayr Hip Hop in Pink (Fb 80), 50 g
- Schachenmayr Denim in Gelb meliert (Fb 25), Rest
- 1 Paar Stricknadeln Nr. 8
- Filzreste in Gelb, Rosa und Lila
- Drahtkleiderbügel
- 11 Musterbeutelklammern
- Prospekthülle in Transparent, DIN A4
- Strickliesel
- dicke Wollnadel
- Stecknadeln
- Lochzange oder Bürolocher

MASCHENPROBE
8 Maschen und 14 Reihen mit Hip Hop im Grundmuster gestrickt = 10 cm x 10 cm

GRUNDMUSTER
Glatt rechts: Hinreihe rechte Maschen, Rückreihe linke Maschen

Mäppchen

Mäppchen

1 27 Maschen in der entsprechenden Farbe anschlagen und im Grundmuster 40 Reihen stricken. Danach alle Maschen abketten.

2 Strickteil spannen, befeuchten und trocknen lassen.

3 Das Strickteil so legen, dass der Anschlag unten und die Abkettreihe oben liegt. Die untere Schmalseite, 9 cm breit, nach vorne umschlagen und die aufeinander liegenden seitlichen Ränder zusammennähen. Danach die überstehenden 4 cm als Taschenklappe nach vorne umschlagen. Alle Fäden vernähen.

4 Die unteren Ränder der Taschenklappen mit festen Maschen in Rosa oder Blau (= für das graue Mäppchen) umhäkeln und drei Knopfloch-Schlingen wie folgt einhäkeln: den Faden einer Ecke anschlingen, 6 feste Maschen, * 3 Luftmaschen, 6 feste Maschen häkeln, dabei mit der Luftmaschen-Kette eine feste Masche überspringen, ab * 2 x wiederholen.

5 Pro Mäppchen drei Knöpfe an den entsprechenden Stellen unter den Knopfloch-Schlingen an die Vorderseite nähen. (Knöpfe annähen und das Umhäkeln findest du auf Seite 76-77).

Pomponfiguren

Männchen

1 Einen Pompon von ø 3,5 cm in Rosa wickeln. Vor dem Aufschneiden vier Fäden von je ca. 20 cm durch die Schablonenmitte ziehen.

2 Für die Beine zweimal je zwei Fäden zusammenlegen, je eine rosa Holzperle auffädeln und die Fadenenden zur Fixierung der Perle verknoten.

3 Zwei runde Wackelaugen aufkleben. Auf die restlichen vier Fäden die übrigen drei Perlen fädeln und das Männchen am rosafarbenen Mäppchen anknoten.

Fisch

1 Einen Pompon von ø 3,5 cm in Blau wickeln. Vor dem Aufschneiden zwei Fäden durch die Schablonenmitte ziehen.

2 Die Flossen vom Vorlagenbogen auf den hellblauen Filz übertragen, ausschneiden und in den Pompon kleben.

3 Die ovalen Wackelaugen aufkleben. Den Fisch am grauen Mäppchen anknoten.

GRÖSSE
ca. 21 cm x 9 cm

MATERIAL
- Schachenmayr Nordica für das graue Mäppchen in Grau (Fb 90), 50 g und Blau (Fb 52), Rest für das rosafarbene Mäppchen in Rosa (Fb 35), 50 g
- für die Pomponfiguren Regia 4fädig in passender Farbe
- 1 Paar Stricknadeln Nr. 7
- Häkelnadel Nr. 7
- dicke Wollnadel
- dünne Nähnadel
- je 2 Pomponschablonen, ø 3,5 cm oder evtl. Pompon-Set
- 6 Perlmuttknöpfe, ø 1,5 cm
- 5 Holzperlen in Rosa, ø 1 cm
- Filzrest in Hellblau
- 2 ovale Wackelaugen, ø 1 cm
- 2 runde Wackelaugen, ø 1,5 cm
- passendes Nähgarn
- UHU Alleskleber

MASCHENPROBE
12 Maschen und 18 Reihen im Grundmuster mit Nordica gestrickt = 10 cm x 10 cm

GRUNDMUSTER
Glatt rechts: Hinreihe rechte Maschen, Rückreihe linke Maschen

VORLAGE SEITE 80

GRÖSSE
Kopfumfang ca. 50 cm bis 54 cm

MATERIAL
- Schachenmayr Nordica für die orange-blaue Mütze in Orange (Fb 26) und Blau (Fb 52), je 50 g für die rosa-dunkelrote Mütze in Rosa (Fb 35) und Dunkelrot (Fb 32), je 50 g
- Schachenmayr Boston in Pink (Fb 35), Rest
- 1 Paar Stricknadeln Nr. 7
- dicke Wollnadel
- Stecknadeln

MASCHENPROBE
12 Maschen und 18 Reihen im Grundmuster gestrickt = 10 cm x 10 cm

GRUNDMUSTER
Glatt rechts: Hinreihe rechte Maschen, Rückreihe linke Maschen

Puschel-Mützen

Streifenfarbfolge in Orange-Blau
10 Reihen blau, 14 Reihen orange, 6 Reihen blau, 2 Reihen orange, 2 Reihen blau, 4 Reihen orange, 2 Reihen blau = 40 Reihen.

Streifenfolge Rosa-Dunkelrot
10 Reihen rosa, 14 Reihen dunkelrot, 6 Reihen rosa, 2 Reihen dunkelrot, 2 Reihen rosa, 4 Reihen dunkelrot, 2 Reihen rosa = 40 Reihen.

1 Für jede Mütze 56 Maschen in der entsprechenden Farbe anschlagen und im Grundmuster in der Streifenfarbfolge 40 Reihen stricken. Danach alle Maschen abketten.

2 Teile spannen anfeuchten und trocknen lassen.

3 Die Schmalseiten des Strickteiles zusammennähen, sodass ein Strickschlauch entsteht. Den Strickschlauch so legen, dass die Naht auf der Rückseite in der Mitte liegt.

4 Für die orange-blaue Mütze mit Stecknadeln vier gleich lange Teile markieren, die beiden äußeren Ecken zur hinteren Naht einschlagen, mit Stecknadeln feststecken zur Mitte hin alle vier Zacken zunähen (siehe auch Zeichnung).

5 Für die rosa-dunkelrote Mütze den oberen Rand der Mütze zusammennähen (siehe auch Zeichnung).

6 Zwei Flechtbänder aus drei Fadenbündeln mit je drei Fäden wie folgt anfertigen: Für das erste Flechtband zwei Fadenbündel in Rosa und ein Fadenbündel in Dunkelrot, für das zweite Flechtband zwei Fadenbündel in Dunkelrot und ein Fadenbündel in Rosa. Die Flechtbänder zur Schleife binden und an die Ecken nähen. Den breiten dunkelroten Streifen mit Blümchen aus Margeritenstichen in Boston verzieren (siehe auch Seite 75).

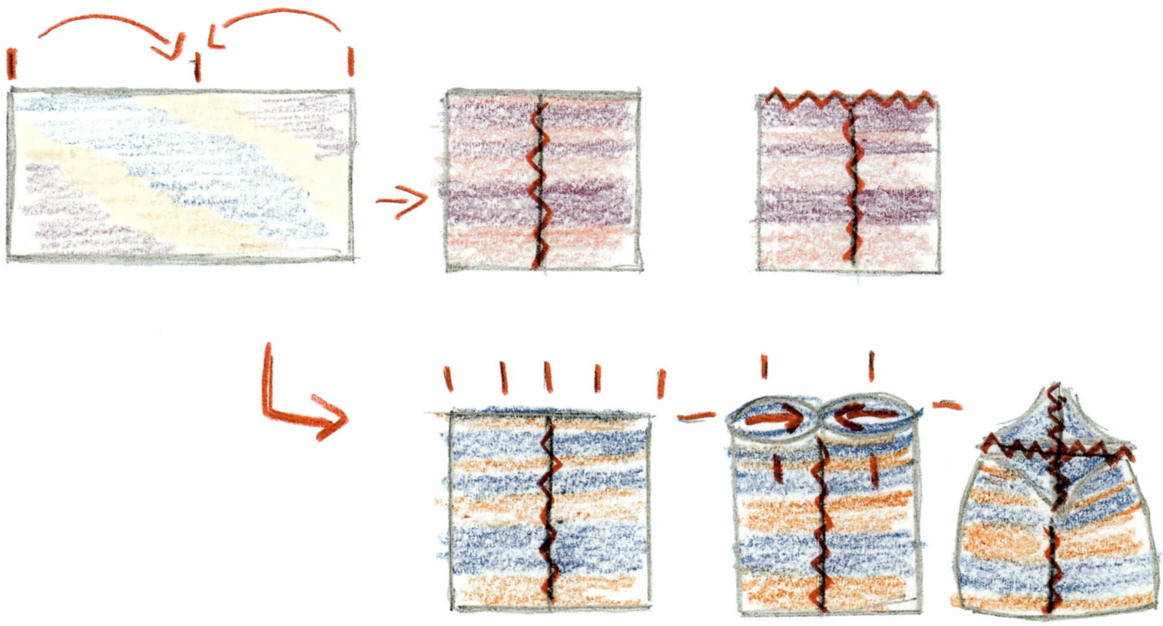

Windlichter

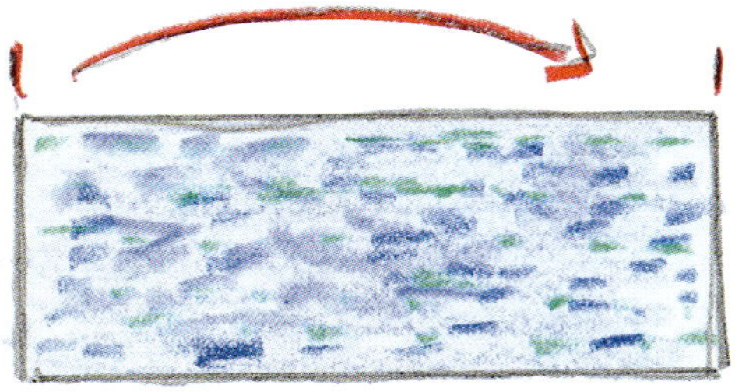

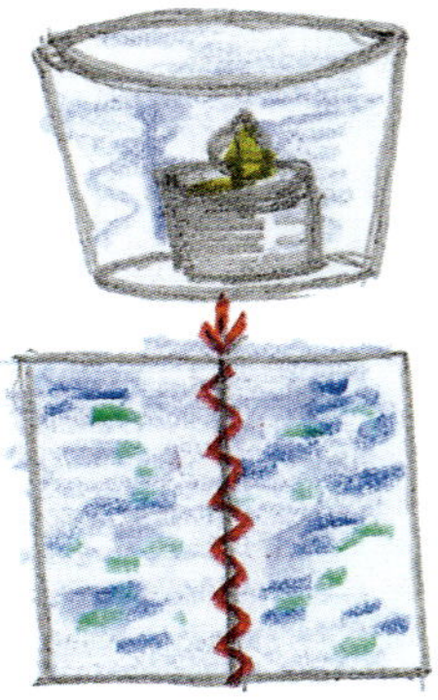

1 Pro Windlicht 41 Maschen in der entsprechenden Farbe anschlagen und im Grundmuster 25 Reihen stricken. Danach alle Maschen abketten.

2 Zuerst die Schmalseiten, danach den unteren Rand Masche für Masche zusammennähen (siehe auch Seite 74 und Schemazeichnung auf dieser Seite). Alle Fäden vernähen. Die Teelicht-Gläser einsetzen.

3 Für die Anhänger die Motive von der Vorlage auf den entsprechenden Filz zweimal übertragen, ausschneiden und doppelt aufeinander kleben.

4 Mit der Zange je einen ca. 12 cm langen Draht abschneiden und ein Drahtende zu einer Spirale biegen. Das andere Ende gerade lassen.

5 Zum Aufhängen in die Motive mit einer kleinen Schere ein Loch schneiden. Das gerade Drahtende durchschieben und zur Fixierung der Motive zu einer Öse biegen. Die Spirale am jeweils passenden Glas einhängen.

Achtung!
Die Kerzen in den Windlichtern nie unbeaufsichtigt brennen lassen!

GRÖSSE
ca. ø 7,5 cm, 7 cm hoch

MATERIAL

- Schachenmayr Xisco in Rot-Blau Color (Fb 89), Rot-Rosa Color (Fb 87) und Blau-Grün Color (Fb 86), je 50 g
- 1 Paar Stricknadeln Nr. 5
- dicke Wollnadel
- Stecknadeln
- 3 kleine Teelicht-Gläser, ca. ø 7,5 cm, 7 cm hoch
- Filz in Gelb, Rosa und Türkis, Reste
- verzinkter Blumendraht, ø 1,6 mm
- kleine spitze Zange
- UHU Alleskleber

MASCHENPROBE
18 Maschen und 28 Reihen im Grundmuster gestrickt = 10 cm x 10 cm

GRUNDMUSTER
Glatt rechts: Hinreihe rechte Maschen, Rückreihe linke Maschen

VORLAGE SEITE 80

Stulpen

GRÖSSEN
122-134 (140-158)

MATERIAL
- Schachenmayr Papillon
  für die kurzen Stulpen in Blau (Fb 55), 50 g
  für die Fransen-Stulpen in Orange (Fb 26), 100 g
- 1 Paar Stricknadeln Nr. 4,5
- Häkelnadel Nr. 5
- dicke Wollnadel

MASCHENPROBE
16 Maschen und 22 Reihen im Rippenmuster mit Papillon gestrickt = 10 cm x 10 cm

RIPPENMUSTER
Hinreihe: 2 rechte Maschen, 2 linke Maschen im Wechsel
Rückreihe: Maschen stricken, wie sie erscheinen = jede Masche so stricken, wie die Masche der Vor-Reihe jeweils erscheint

Achtung!
Die Angaben vor den Klammern sind für die Größe 122-134, in den Klammern für die Größe 140-158.

Kurze Stulpen

1 Für die erste Stulpe 34 (42) Maschen anschlagen und im Rippenmuster 28 (34) Reihen stricken. Danach alle Maschen abketten.

2 Die zweite Stulpe genauso stricken.

3 Die Strickteile an den seitlichen Rändern zusammennähen (die Rippen verlaufen von oben nach unten). Alle Fäden vernähen.

Fransenstulpen

1 Für die erste Stulpe 34 (42) Maschen anschlagen und im Rippenmuster 76 (88) Reihen stricken. Dann alle Maschen abketten.

2 Die zweite Stulpe genauso stricken.

3 Die Strickteile an den seitlichen Rändern zusammennähen (die Rippen verlaufen von oben nach unten). Alle Fäden vernähen.

4 32 (40) Fäden von je 11 cm Länge zuschneiden. Pro Franse vier Fäden bündeln, doppelt legen und mit der Häkelnadel in jede Rippe des oberen Randes einknüpfen (siehe Zeichnung). Den Fransenrand ca. 5 cm breit nach außen umschlagen.

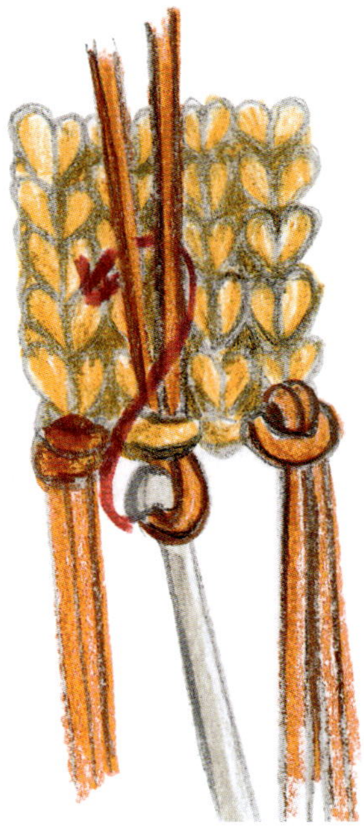

Hinweis
Die Bezeichnung Rippenmuster kommt davon, dass sich das Strickteil durch die gleichmäßige Anordnung der rechten und linken Maschen etwas zusammenzieht und sich dadurch kleine so genannte Rippen bilden.

Das Rippenmuster ist sehr dehnbar und wird gerne für Schals und Mützen oder für die Bündchen an Pullovern und Jacken verwendet.

Damit ein Strickteil eine bestimmte Form bekommt, werden Maschen zugenommen oder abgenommen. Sie werden meist an den Rändern gestrickt. Zunahmen vergrößern, Abnahmen verkleinern das Strickteil.

Zunahmen

In der Regel werden Zunahmen so gestrickt, dass sie nicht auffallen. Man kann sie aber auch so stricken, dass kleine Löcher entstehen, die wie ein Muster aussehen und dadurch sehr dekorativ wirken. Für jede Zunahme wird aus dem Querfaden, der zwischen zwei Maschen liegt, eine zusätzliche Masche herausgestrickt.

Zunahme von rechten Maschen

Zunahmen, die man sieht: ein Loch entsteht

Grundmuster Glatt rechts

So geht's

1 Mit der linken Nadel in den Querfaden zwischen den beiden V-förmigen Maschen von vorne nach hinten einstechen, etwas hochziehen und auf die linke Nadel legen.

Wenn das nicht so gut klappt, kannst du mit der rechten Nadel von hinten nach vorne in den Querfaden einstechen und den Querfaden auf die linke Nadel heben.

2 Danach den Querfaden rechts abstricken. Unter der rechten Stricknadel entsteht ein kleines Loch.

Achtung!
Da die Rückseite von glatt links gestrickten Maschen aussieht wie das Grundmuster Glatt rechts, gilt diese Zunahme auch für alle Rückreihen bei Glatt links.

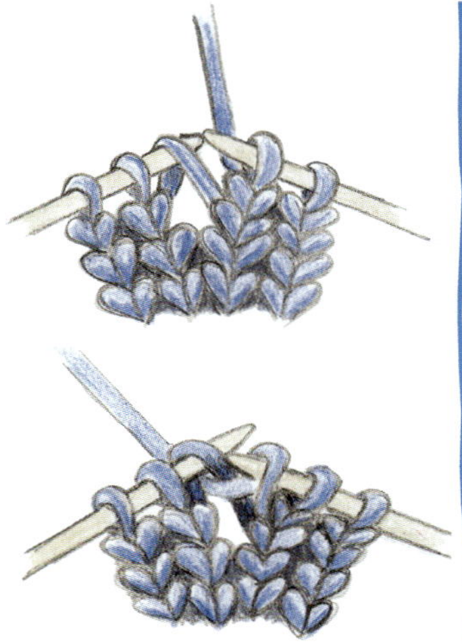

Grundmuster Kraus rechts
Soll bei Kraus rechts zugenommen werden, den Querfaden zwischen den beiden Räupchen wie bei Glatt rechts beschrieben auf die linke Nadel legen und anschließend rechts abstricken.

Achtung!
Da die Rückseite von glatt rechts gestrickten Maschen aussieht wie das Grundmuster Glatt links, gilt diese Zunahme auch für alle Rückreihen bei Glatt rechts.

Zunahme von linken Maschen

Grundmuster Glatt links

Soll bei Glatt links zugenommen werden, den Querfaden zwischen den beiden Räupchen wie bei Glatt rechts beschrieben auf die linke Nadel nehmen, jedoch anschließend den Querfaden links abstricken.

Maschen rechts verschränkt zunehmen

Unauffällige Zunahmen

So geht's

1 Zuerst den Querfaden zwischen den beiden V-förmigen Maschen wie bei Glatt rechts beschrieben auf die linke Nadel nehmen.

2 Nun mit der rechten Nadel hinter der linken Nadel von rechts nach links in die Fadenschlinge des Querfadens einstechen. Den Faden von vorne nach hinten um die rechte Nadel legen, durchholen und die Querfaden-Schlinge gleichzeitig von der linken Nadel gleiten lassen. Auf der rechten Nadel liegt nun eine neue Schlinge, unter der rechten Nadel liegt eine verdrehte V-förmige Masche.

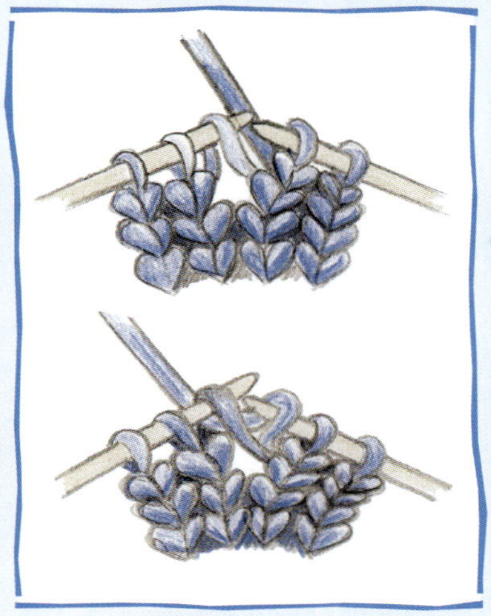

Wem das zuvor Beschriebene nicht so gut gelingt, der kann den Querfaden vor dem Abstricken verdrehen.

1 Dazu mit der rechten Nadel von hinten nach vorne in den Querfaden einstechen und auf die rechte Nadel legen. Danach mit der linken Nadel von rechts nach links in den Querfaden stechen und die Schlinge auf die linke Nadel gleiten lassen.

2 Auf der linken Nadel liegt nun eine verdrehte Schlinge. Diese Schlinge anschließend rechts abstricken.

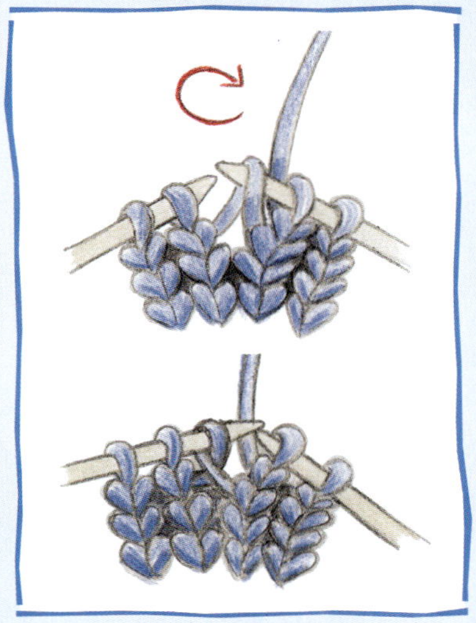

Abnahmen

Bei Abnahmen werden zwei oder mehrere Maschen zusammengestrickt.

Zwei Maschen rechts zusammenstricken

Grundmuster glatt rechts

So geht's

1 Mit der rechten Nadel wie zum Rechts stricken von links nach rechts in die beiden Maschen, die zusammengestrickt werden sollen, einstechen.

2 Beide Maschen zusammen rechts abstricken. Auf der rechten Nadel liegt eine Schlinge, unter der Schlinge liegen die zusammen gestrickten Maschen. Die letzte Masche der zusammen gestrickten Maschen liegt oben und zeigt nach rechts.

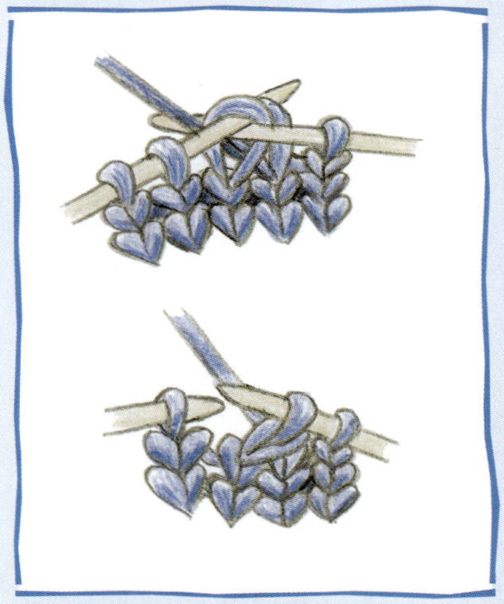

Zwei Maschen rechts überzogen zusammenstricken

So geht's

1 Zuerst mit der rechten Nadel die erste Masche wie zum Rechts stricken abheben und danach die folgende Masche rechts stricken.

2 Nun vor der rechten Nadel von links nach rechts in die die abgehobene Masche einstechen und diese über die gestrickte Masche ziehen. Die erste Masche der zusammen gestrickten Maschen liegt oben und zeigt nach links.

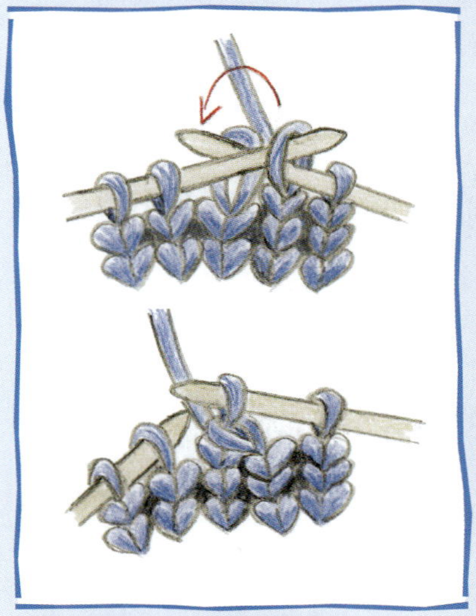

Zwei Maschen links zusammenstricken

Grundmuster Glatt links

Mit der rechten Nadel wie zum Links stricken von rechts nach links in die beiden Maschen, die zusammengestrickt werden sollen, einstechen und beide Maschen zusammen links abstricken. Auf der rechten Nadel liegt eine neue Schlinge, unter der Schlinge liegt ein Räupchen aus zwei Schlingen.

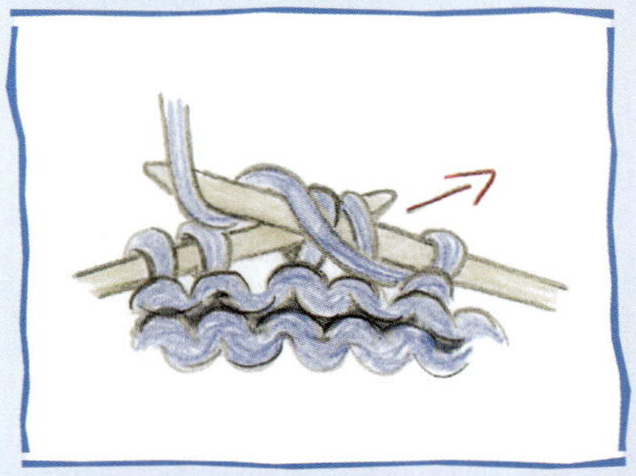

Elastische Raupen

GRÖSSE
ca. 11 cm - 15 cm

MATERIAL
- Schachenmayr Hip Hop in Esprit color (Fb 84), Rest
- Schachenmayr Bravo in Weinrot (Fb 8222), Pink (Fb 8234) und Altrosa (Fb 8289), Reste
- 1 Paar Stricknadeln Nr. 7
- dicke Wollnadel
- Nähnadel
- 2 Sicherheitsnadeln
- 2 Holzkugeln, durchgebohrt, ø 3,5 cm
- 2 Pailletten in Rot, ø 6 mm
- 4 Wackelaugen, ø 1 cm
- je 1 Chenilledraht in Rosa und Lila, ø 6 mm, 30 cm lang
- Gummiband, 5 mm breit, ca. 35 cm lang
- passendes Nähgarn
- Bastelfarbe in Rosa und Dunkelrot

MASCHENPROBE
8 Maschen und 14 Reihen im Grundmuster mit Hip Hop gestrickt = 10 cm x 10 cm

14 Maschen und 16 Reihen im Grundmuster mit drei Fäden Bravo gestrickt = 10 cm x 10 cm

GRUNDMUSTER
Glatt rechts: Hinreihe rechte Maschen, Rückreihe linke Maschen

Raupe aus Hip Hop

1 Für den Raupenkörper 5 Maschen anschlagen und im Grundmuster 24 Reihen stricken.

2 Danach im Grundmuster weiter stricken, dabei in der 29. Reihe 2 Maschen rechts zusammenstricken. Nach 30 Reihen den Faden mit einer Nadel durch die verbliebenen Maschen ziehen.

Raupe aus Bravo

1 Je ein Faden Bravo pro Farbe zusammenlegen und mit allen drei Fäden gleichzeitig stricken. Für den Raupenkörper 2 Maschen anschlagen und im Grundmuster stricken.

2 Für die Zunahmen in der 3. und 9. Reihe am rechten und linken Arbeitsrand je eine Masche aus dem Querfaden zunehmen = 6 Maschen.

3 Anschließend im Grundmuster noch 29 Reihen ohne Zunahmen stricken. Nach insgesamt 38 Reihen die restlichen Maschen abketten.

Fertig stellen

1 Die Holzkugeln mit Rosa bzw. Dunkelrot bemalen und trocknen lassen.

2 Je ca. 17 cm vom Gummiband abschneiden und an die breiten Schmalseiten der Raupenkörper nähen. Die Sicherheitsnadeln in die lose hängenden Enden der Gummibänder einhängen.

3 Die Raupenkörper an den Längsseiten zusammennähen, jedoch die Gummibänder mit den Sicherheitsnadeln außen hängen lassen. Anschließend die Gummibänder mit Hilfe der Sicherheitsnadeln in die Raupenkörper einziehen und am spitzen Ende festnähen. Die spitzen Enden durch die bemalten Holzkugeln ziehen und am Raupenkörper festnähen.

4 Je 10 cm Chenilledraht abschneiden, leicht verdrehen und als Fühler am Kopf in die Maschen der Raupenkörper einbinden. Die Wackelaugen und Pailletten aufkleben.

Mit einer angenähten Anstecknadel sieht die Raupe auch an deiner Tasche oder an deiner Jacke gut aus. Wenn du möchtest, kannst du aus der Raupe auch einen Schlüsselanhänger machen. Dafür einfach einen Schlüsselring aus Metall in die Maschen zwischen Kopf und Körper einziehen.

Mehrere Maschen neu dazu anschlagen

Beim Zunehmen von Maschen entsteht pro Zunahme in der Regel nur eine neue Masche. Manchmal ist es aber auch notwendig viele Maschen auf einmal anzuschlagen (z. B. wenn bei Pullovern die Ärmel direkt angestrickt werden sollen. Diesen Vorgang bezeichnet man am rechten Rand des Strickteiles als Herausstricken von Maschen, am linken Rand dagegen als Aufschlingen von Maschen.

Maschen herausstricken

So geht's

1 Die erste Masche (auch Randmasche genannt) rechts stricken, dabei den Faden auf der rechten Nadel zu einer langen Schlinge ziehen.

2 Mit der linken Nadel von unten nach oben in diese lange Schlinge stechen und die Schlinge auf die linke Nadel heben. Den Faden leicht anziehen. Die erste Masche ist zugenommen.

3 In diese Masche wieder einstechen und die nächste Masche wie beschrieben herausstricken. So oft wiederholen, bis die gewünschte Maschenanzahl erreicht ist.

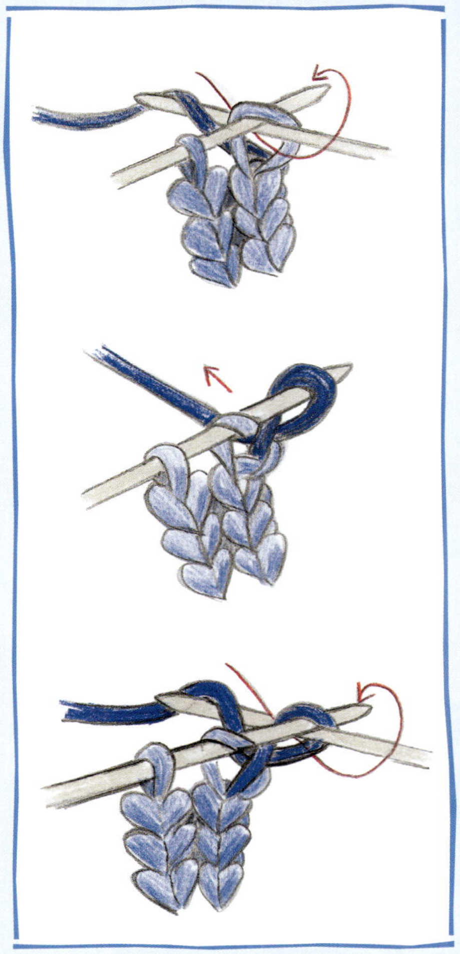

Maschen aufschlingen

So geht's

1 Faden wie für den Anschlag um den Daumen legen.

2 Mit der rechten Nadel von unten in die Schlinge einstechen, den hinteren Faden auf die Nadel nehmen.

3 Die Schlinge über den Daumen nach unten ziehen. So oft wiederholen, bis die gewünschte Maschenzahl erreicht ist.

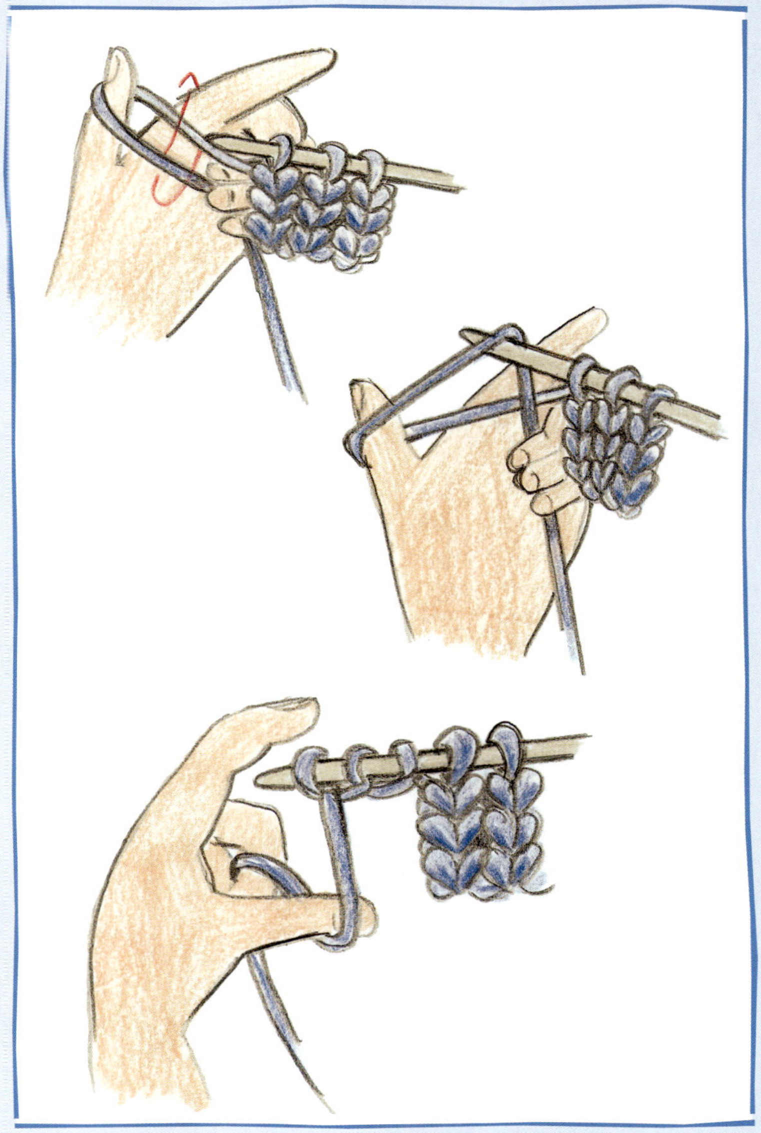

Kochhandschuh

1 44 Maschen in Grün meliert anschlagen und im Grundmuster II stricken.

2 Nach 4 Reihen im Grundmuster I weiterstricken, dabei die Streifenfarbfolge wie folgt ausführen: 12 Reihen grün meliert, 4 Reihen hellblau meliert, 4 Reihen gelb meliert, 4 Reihen grün meliert, 36 Reihen hellblau meliert = 60 Reihen.

3 Gleichzeitig für die Daumenzunahme nach insgesamt 16 Reihen (= 4 Reihen kraus rechts und 12 Reihen glatt rechts) am rechten und am linken Arbeitsrand je 11 Maschen zunehmen = 66 Maschen. Über diese 66 Maschen 12 Reihen stricken (= je 4 Reihen hellblau, gelb und grün meliert). Dabei am Beginn der folgenden 11. und 12. Reihe für die Daumenabnahmen die ersten je 11 Maschen wieder abketten = 44 Maschen. Nach insgesamt 64 Reihen alle Maschen abketten.

4 Strickteil spannen anfeuchten und trocknen lassen. Strickteil doppelt aufeinander legen und am oberen und am seitlichen Rand zusammennähen (siehe Seite 74). Alle Fäden vernähen.

5 Aus allen drei Wollfarben je zwei Fäden von ca. 20 cm Länge abschneiden und zu einem ca. 10 cm langen Band flechten. Die Bandenden miteinander verknoten, sodass eine Schlaufe entsteht. Die Schlaufe als Aufhängeschlaufe am Handschuh festnähen.

GRÖSSE
für alle Größen

MATERIAL
- Schachenmayr Denim in Gelb meliert (Fb 25), Hellblau meliert (Fb 53) und Grün meliert (Fb 72), je 50 g
- 1 Paar Stricknadeln Nr. 4
- dicke Wollnadel

MASCHENPROBE
16 Maschen und 24 Reihen im Grundmuster I mit zwei Fäden Denim gestrickt = 10 cm x 10 cm

GRUNDMUSTER I
Glatt rechts: Hinreihe rechte Maschen, Rückreihe linke Maschen

GRUNDMUSTER II
Kraus rechts: Hinreihe rechte Maschen, Rückreihe rechte Maschen

Toastwärmer

1 Mit je ein Faden Orange und Pink zusammen 24 Maschen anschlagen und im Grundmuster 42 Reihen stricken. In der 43. Reihe mit je einem Faden Flieder und Pink zusammen weiterstricken.

2 Für die Zunahmen zuerst am rechten Rand 33 Maschen herausstricken (siehe auch Seite 41), dann über die orange/pinkfarbenen 24 Maschen weiterstricken und zuletzt am linken Rand 33 Maschen aufschlingen = insgesamt 90 Maschen. Über diese 90 Maschen insgesamt 34 Reihen stricken.

3 Danach am Beginn der folgenden beiden Reihen jeweils die ersten 33 Maschen wieder abketten = 24 Maschen. Nun mit je einem Faden Orange und Pink über diese 24 Maschen nochmals 42 Reihen arbeiten. In der 43. Reihe in Orange/Pink alle Maschen abketten.

4 Strickteil spannen, anfeuchten und trocknen lassen. Die Seitenteile hochklappen und 10 cm hoch zusammennähen. Alle Fäden vernähen.

5 Mit der Pomponschablone einen Pompon in Orange anfertigen. Den Pompon an der vorderen Kante unterhalb der Deckelklappe annähen.

6 Für die Verschluss-Schlaufe zwölf Fäden von je 15 cm Länge in Pink, Orange und Flieder schneiden. Die Fadenenden an einer Seite miteinander verknoten. Sechs Fäden in die Mitte der Deckelklappe einziehen. Der Knoten liegt am Deckelrand. Die Fäden in drei Fadenbündel zu je vier Fäden aufteilen und diese zu einem Band von ca. 7 cm Länge flechten. Die Fäden wieder in zweimal sechs Fäden teilen, sechs Fäden in die Deckelklappe neben den ersten Knoten einziehen und alle Fäden mit einem zweiten Knoten am Deckelrand fixieren. Die überstehenden Fadenenden gleichmäßig zurückschneiden.

GRÖSSE
für ca. 6 bis 8 Scheiben Sandwichtoast oder American Toast

MATERIAL
- Schachenmayr Catania Orange (Fb 189), Pink (Fb 223) und Flieder (Fb 226), je 50 g
- Schachenmayr Brazilia in Rosé (Fb 40), Rest
- 1 Paar Stricknadeln Nr. 5
- dicke Wollnadel
- Pomponschablone, ø 3 cm oder evtl. Pompon-Set

MASCHENPROBE
18 Maschen und 26 Reihen im Grundmuster mit doppeltem Faden Catania gestrickt = 10 cm x 10 cm

GRUNDMUSTER
Glatt rechts: Hinreihe rechte Maschen, Rückreihe linke Maschen

Zum Verzieren haben wir die Ränder der Deckelklappen mit einem doppelten Faden aus Brazilia in Rosé gleichmäßig umhäkelt (siehe auch Seite 77). Dabei werden in die Ecken jeder Klappe je drei Maschen in eine Einstichstelle gehäkelt, damit sich die Ecken nicht zusammenziehen. Durch die kleinen Härchen entsteht ein hübscher, wuscheliger Effekt.

GRÖSSE
ca. 35 cm x 45 cm

MATERIAL
- Schachenmayr Nordica in Orange (Fb 26), 200 g
- Regia 4fädig in Schwarz (Fb 2066), Rest
- 1 Paar Stricknadeln Nr. 6
- dicke Wollnade
- Nähnadel
- Stecknadeln
- passendes Nähgarn
- 2 Tierglasaugen in Berstein, ø 1,8 cm
- Füllwatte
- Klettband in Schwarz, 1,5 cm breit, ca. 14 cm lang

MASCHENPROBE
12 Maschen und 18 Reihen im Grundmuster mit Nordica gestrickt = 10 cm x 10 cm

GRUNDMUSTER
Glatt rechts: Hinreihe rechte Maschen, Rückreihe linke Maschen

Süßer Dackel

1 Für die Körperunterseite 41 Maschen mit Nordica anschlagen und im Grundmuster 18 Reihen stricken. Die Anschlagkante ist der hintere Rand (= Po). Danach beidseitig je 2 Maschen abnehmen (= 37 Maschen) und anschließend weitere 18 Reihen stricken. Nun beidseitig 2 Maschen zunehmen (= 41 Maschen) und weitere 18 Reihen gerade hoch stricken (= insgesamt 54 Reihen).

2 Nun für die Kopfunterseite am Beginn der folgenden beiden Reihen die ersten je 14 Maschen abketten und über die mittleren 13 Maschen weiterstricken, dabei 3 x in jeder 5. Reihe beidseitig je 2 Maschen zusammenstricken = 7 Maschen. Anschließend in jeder 2. Reihe beidseitig noch 2 x je 2 Maschen und 1 x 3 Maschen zusammenstricken.

3 Für die Körperoberseite 41 Maschen mit Nordica anschlagen und wie bei der Körperunterseite beschrieben 54 Reihen stricken. Danach alle 41 Maschen abketten.

3 Für die Kopfoberseite 19 Maschen mit Nordica anschlagen und im Grundmuster 8 Reihen stricken. In der **9. Reihe** beidseitig (= am rechten und linken Arbeitsrand) je eine Masche aus dem Querfaden zunehmen = 21 Maschen. **10.-16. Reihe:** über je 21 Maschen stricken. **17. Reihe:** 6 Maschen stricken, 2 x je 2 Maschen zusammenstricken, eine Masche stricken, 2 x je 2 Maschen zusammenstricken, 6 Maschen stricken (= 17 Maschen). **18. Reihe:** über 17 Maschen stricken. **19. Reihe:** beidseitig je eine Masche aus dem Querfaden zunehmen (= 19 Maschen). **20. Reihe:** über 19 Maschen stricken. **21. Reihe:** 6 Maschen stricken, 2 x je 2 Maschen zusammenstricken, eine Masche stricken, 2 x je 2 Maschen zusammenstricken, 6 Maschen stricken (= 15 Maschen). **22. Reihe und 23. Reihe:** beidseitig je 2 Maschen zusammenstricken (= 11 Maschen). **24. Reihe:** über 11 Maschen stricken. **25. Reihe:** nach der 5. und 7. Masche je eine Masche aus dem Querfaden zunehmen (= 13 Maschen). **26. Reihe:** über 13 Maschen stricken. **27. Reihe:** beidseitig je 2 Maschen zusammenstricken (= 11 Maschen). **28. Reihe:** über 11 Maschen stricken. **29. Reihe:** beidseitig je 2 Maschen sowie die mittleren 3 Maschen zusammenstricken (= 7 Maschen). **30. Reihe:** die mittleren 3 Maschen zusammenstricken (= 5 Maschen). **31. Reihe:** am rechten und linken Arbeitsrand 2 Maschen zusammenstricken (= 3 Maschen). **32. Reihe:** restliche 3 Maschen zusammenstricken, Faden durch das letzte Maschenglied ziehen.

3 Für den Schwanz 8 Maschen mit Nordica anschlagen und im Grundmuster 24 Reihen stricken. Danach beidseitig 3 x in jeder 2. Reihe je 2 Maschen zusammenstricken = 2 Maschen.

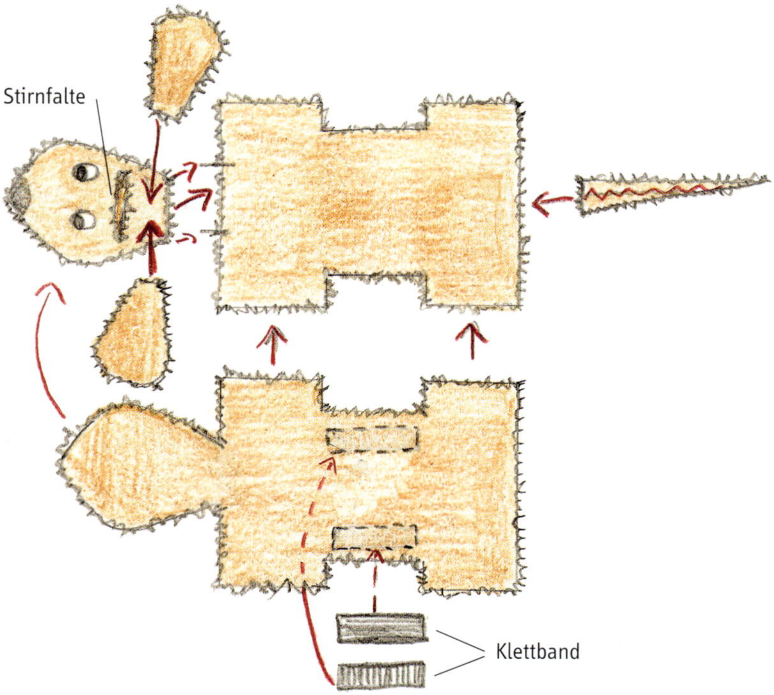

Fortsetzung auf Seite 46

Fortsetzung von Seite 44

Zuletzt in der folgende Reihe die letzen 2 Maschen zusammenstricken.

4 Für die Ohren 8 Maschen mit Nordica anschlagen und im Grundmuster 12 Reihen stricken. Anschließend in jeder Reihe beidseitig je 2 Maschen zusammenstricken, bis alle Maschen aufgebraucht sind. Die Ohren zweimal stricken.

5 Teile spannen, anfeuchten und trocknen lassen. Kopfober- und Kopfunterseite zusammennähen, jedoch den Hals offen lassen. Den Kopf mit Füllwatte ausstopfen.

6 Die Stirnfalte (siehe Zeichnung) abnähen und die Augen annähen. Für die Nase mit Regia dicht nebeneinander liegende Spannstiche aufsticken. Die Ohren annähen. Die Halsnaht schließen.

7 Körperober- und Körperunterseite zusammennähen, jedoch ein Stück zum Ausstopfen offen lassen. Körper ausstopfen und Öffnung schließen. Den Schwanz an der Längsseite zusammennähen, mit Füllwatte ausstopfen und an den Körper nähen.

8 Das Klettband an die Körperunterseite zwischen den Beinen mit Nähseide annähen (siehe Zeichnung).

Du kannst den süßen Dackel als Kissen nehmen oder durch das Klettband zu einer Nackenrolle umfunktionieren. Total praktisch!

Kegelbaum als Pinnwand

1 60 Maschen anschlagen und im Grundmuster stricken, dabei 3 x in jeder 4. Reihe beidseitig (= am rechten und linken Arbeitsrand) je 2 Maschen zusammenstricken = 54 Maschen in der 12. Reihe. Danach noch 27 x in jeder 2. Reihe beidseitig je 2 Maschen zusammenstricken. Danach sind alle Maschen aufgebraucht.

2 Die seitlichen Ränder zusammennähen. Das Strickteil über den Styroporkegel stülpen und den unteren Rand mit den Dekonadeln feststecken (siehe auch Zeichnung).

An diesem Baum haben alle deine Notizen und Merkzettel Platz. Einfach mit bunten Stecknadeln fest pinnen. Für Weihnachten kannst du den Baum auch als Adventskalender umfunktionieren. Dazu kannst du 24 kleine Leckereien, wie z.B. Bonbons, am Baum befestigen.

GRÖSSE
ca. ø 12 cm, ca. 32 cm hoch

MATERIAL
- Schachenmayr Brazilia Lungo in Grasgrün (Fb 270), 50 g
- 1 Paar Stricknadeln Nr. 5
- Styroporkegel, ø 12 cm
- dicke Wollnadel
- Dekonadeln

MASCHENPROBE
15 Maschen und 24 Reihen im Grundmuster gestrickt = 10 cm x 10 cm

GRUNDMUSTER
Glatt rechts: Hinreihe rechte Maschen, Rückreihe linke Maschen

PARTY FREITAG
LEON

Taschen im Trend

Tasche mit Bügel

1 Für die Vorderseite 16 Maschen mit Boston in Pink anschlagen und im Grundmuster II 10 Reihen stricken. Die Anschagkante bildet den oberen Taschenrand.

GRÖSSE
Tasche mit Bügel
ca. 14,5 cm x 18 cm
Tasche mit Blumen
ca. 17,5 cm x 24 cm

MATERIAL
- 1 Paar Stricknadeln Nr. 7
- dicke Wollnadel
- dünne Nähnadel

TASCHE MIT BÜGEL
- Schachenmayr Boston in Pink (Fb 35), Flieder (Fb 43) und Hellblau (Fb 55), je 50 g
- Schachenmayr Brazilia in Rosé (Fb 40), Rest
- 2 Plastik-Taschenbügel in Transparent, 14,5 cm breit

TASCHE MIT BLUMEN
- Schachenmayr Boston in Rosé (Fb 34) und Helloliv (Fb 73), je 50 g
- Schachenmayr Catania in Violett (Fb 113) und Rosa (Fb 222), Reste
- 10 Rocailles in Transparent, ø 4,5 mm

MASCHENPROBE
12 Maschen und 18 Reihen im Grundmuster I mit Boston gestrickt = 10 cm x 10 cm

GRUNDMUSTER I
Glatt rechts: Hinreihe rechte Maschen, Rückreihe linke Maschen

GRUNDMUSTER II
Kraus Rechts: Hinreihe rechte Maschen, Rückreihe rechte Maschen

2 Danach im Grundmuster I weiterstricken, dabei die Streifenfarbfolge wie folgt ausführen: 6 Reihen flieder, 6 Reihen hellblau, 6 Reihen flieder, 10 Reihen hellblau = insgesamt 38 Reihen.

3 Gleichzeitig für die Taschenform in der 11., 17., 21. und 27. Reihe beidseitig (= am rechten und linken Arbeitsrand) je eine Masche aus dem Querfaden zunehmen = 24 Maschen und in der 32., 33., 34. und 35. Reihe beidseitig je eine Masche zusammenstricken = 16 Maschen. Nach der 38. Reihe alle Maschen abketten. Die Rückseite genauso stricken.

4 Strickteile spannen, anfeuchten und trocknen lassen. Vorder- und Rückseite an den seitlichen Rändern und am unteren Rand zusammennähen. Alle Fäden vernähen.

5 Die Taschenbügel am oberen Rand mit Pink annähen. Aus Brazilia vier Fäden von je ca. 40 cm Länge schneiden.

6 Je zwei Fäden zusammen in die Wollnadel fädeln und am unteren Rand der fliederfarbenen Streifen in die Maschen weben. Dafür mit der Nadel abwechselnd zwischen den einzelnen Maschen ein- bzw. ausstechen, sodass der Faden auf der Vorderseite über jeder zweiten Masche liegt. Die überstehenden Fadenenden miteinander verknoten.

Tasche mit Blumen

1 Die Vorder- und Rückseite der Tasche wird in einem Stück gestrickt. Die Vorderseite wird von oben nach unten, die Rückseite von unten nach oben gearbeitet.
Für die Vorderseite 22 Maschen mit Boston anschlagen und im Grundmuster II 8 Reihen stricken. Die Anschlagkante ist der obere Taschenrand.

2 Für den Taschengriff in der 9. Reihe die ersten 6 Maschen der Reihe stricken, die mittleren 10 Maschen abketten und dann die letzten 6 Maschen der Reihe stricken. In der folgenden Rückreihe die mittleren 10 Maschen wieder neu dazu anschlagen. Hierfür die Maschen aufschlingen. Dann noch 2 Reihen im Grundmuster II stricken. Anschließend im Grundmuster I weiterstricken, dabei die Streifenfarbfolge wie folgt ausführen: 22 Reihen rosé, 2 Reihen helloliv, 2 Reihen rosé, 4 Reihen helloliv, 2 Reihen rosé, 4 Reihen helloliv. Die Vorderseite ist hier beendet.

3 Für die Rückseite der Tasche im Grundmuster I gegengleich wie folgt weiterstricken: 4 Reihen helloliv, 2 Reihen rosé, 4 Reihen helloliv, 2 Reihen rosé, 2 Reihen helloliv, 22 Reihen rosé. Nun im Grundmuster II zuerst 2 Reihen stricken, dann den Taschengriff, wie bei der Vorderseite beschrieben, ausführen und zuletzt noch 8 Reihen im Grundmuster II stricken. Danach alle Maschen abketten.

4 Strickteil spannen, anfeuchten und trocknen lassen. Vorder- und Rückseite aufeinander legen und an den seitlichen Rändern zusammennähen. Alle Fäden vernähen.

5 Je eine Blume von Seite 28 in Violett und Rosa stricken und an die Vorderseite nähen (siehe auch Abbildung). Die Blumenstiele mit Stielstichen, die Blätter mit Margeritenstichen, jeweils in Helloliv, aufsticken (siehe Seite 75).

Tolles Top

Streifenfarbfolge

30 Reihen eisblau, 2 Reihen pink, 2 Reihen eisblau, 2 Reihen pink, 2 Reihen eisblau, 2 Reihen pink, 2 Reihen eisblau, 12 Reihen pink, 2 Reihen weiß, 2 Reihen pink, 2 Reihen weiß, 2 Reihen pink, 2 Reihen weiß, 2 Reihen pink, 12 Reihen weiß, 2 Reihen gelb, 2 Reihen weiß, 2 Reihen gelb, 2 Reihen weiß, 2 Reihen gelb, 2 Reihen weiß, 12 Reihen gelb, 2 Reihen eisblau, 2 Reihen gelb, 2 Reihen eisblau, 2 Reihen gelb, 2 Reihen eisblau, 2 Reihen gelb, 2 Reihen eisblau = 116 Reihen insgesamt

GRÖSSE
128-158

MATERIAL

- Schachenmayr Brillant in Weiß (Fb 01), Hellgelb (Fb 22), Pink (Fb 36) und Eisblau (Fb 55), je 50 g
- 1 Paar Flex-Stricknadeln Nr. 4
- Häkelnadel Nr. 4
- dicke Wollnadel

MASCHENPROBE
20 Maschen und 26 Reihen im Grundmuster gestrickt = 10 cm x 10 cm

GRUNDMUSTER
Glatt rechts: Hinreihe rechte Maschen, Rückreihe linke Maschen

1 5 Maschen in Eisblau anschlagen und im Grundmuster in der Streifenfarbfolge stricken.

2 Nach der zweiten Reihe die mittlere Masche markieren. Dafür während des Strickens einen Faden in einer Kontrastfarbe um die Masche legen oder mit einer Nadel einziehen.

3 Für die Zunahmen in jeder Hinreihe vor und nach der mittleren Masche jeweils aus dem Querfaden eine Masche so zunehmen, dass bei jeder Zunahme ein kleines Loch entsteht. In jeder Hinreihe werden jeweils 2 Maschen zugenommen. Die Maschenzahl erhöht sich nach jeder Zunahme-Reihe um 2 Maschen = 119 Maschen in der 115. Reihe. Nach der 116. Reihe (= letzte Rückreihe) alle Maschen abketten.

3 Strickteil spannen, anfeuchten und trocknen lassen. Die Außenkanten mit festen Maschen in Eisblau umhäkeln, dabei am oberen und unteren Rand in jede Masche und an den seitlichen Rändern in jede Reihe je eine feste Masche häkeln, jedoch nach jeder 4. Masche bzw. nach jeder 4. Reihe je eine Masche/Reihe unbehäkelt stehen lassen (siehe auch Seite 77). Zum Schluss alle Fäden vernähen.

4 Für den Tunneldurchzug am Halsausschnitt die obere Spitze = Anschlagkante des Tops 4 cm breit nach innen umschlagen und die Anschlagkante festnähen. Die seitlichen Ränder bleiben offen.

5 Nun zuerst je zwei Fäden von ca. 1,30 m Länge in Weiß, Gelb und Eisblau abschneiden. Die Fäden gleicher Farbe zusammenlegen und zu einem ca. 1,10 m langen Band flechten. Danach 2 x je zwei Fäden von je ca. 80 cm Länge in Weiß, Gelb und Pink abschneiden. Die Fäden gleicher Farbe zusammenlegen und zwei Bänder von je ca. 55 cm Länge flechten. Die Bandenden jeweils verknoten und die überstehenden Fadenenden gleichmäßig zurückschneiden.

6 Das lange Flechtband durch den Tunneldurchzug ziehen, es dient als Träger, der um den Hals gebunden wird. Die kurzen Flechtbänder doppelt legen und in die rechte und linke Ecke einknoten. Dazu die Enden durch die Schlaufe der doppelt gelegten Bänder ziehen. Diese beiden Eckbänder werden auf der Rückseite des Tops zusammengebunden.

Dieses Top ist sehr verwandlungsfähig. Im Sommer ist es sehr luftig, auch über einem T-Shirt sieht es total schick aus. Wenn du die Streifen nicht so sehr magst, kannst du es auch in nur einer Farbe stricken und dann mit gestrickten Blumen verzieren oder am unteren Rand mit kleinen Pompons oder Fransen schmücken.

Königliches Kissen

Ein Lineal erleichtert das Lesen eines Zählmusters. Dazu nach jeder Reihe das Lineal ein Kästchen nach oben verschieben. Außerdem siehst du immer wie weit du bist. Wenn du das Stricken unterbrechen willst, kannst du die zuletzt gestrickte Reihe mit einem Bleistift markieren.

Das Zählmuster lesen

Jedes Kästchen des Zählmusters bedeutet eine Masche, jede Kästchen-Reihe bedeutet eine Maschen-Reihe. Die Hinreihen von rechts nach links, die Rückreihen von links nach rechts lesen. Fehlt am Beginn und am Ende einer Reihe ein Kästchen, so bedeutet das, dass jeweils eine Masche abgenommen wird. Dann werden beidseitig je 2 Maschen zusammengestrickt.

1 Für die Vorderseite 57 Maschen in Hellgelb anschlagen und im Grundmuster stricken. Die Anschlagkante bildet den unteren Kissenrand.

2 Zuerst 28 Reihen stricken und danach die Streifenfarbfolge wie folgt ausführen: 6 Reihen rosa, 6 Reihen lila, 6 Reihen rosa, 4 Reihen gelb, 2 Reihen rosa, 2 Reihen lila, 2 Reihen rosa, 4 Reihen gelb, 2 Reihen rosa, 2 Reihen lila, 6 Reihen rosa, 4 Reihen gelb, 2 Reihen rosa, 2 Reihen gelb, 2 Reihen rosa = 80 Reihen insgesamt.

3 Anschließend die Kronenspitzen in Hellgelb nach dem Zählmuster einzeln stricken. Dafür in der 81. Reihe die erste Kronenspitze über die ersten 14 Maschen stricken. Alle Maschen, die nicht benötigt werden, bleiben ungestrickt auf der Nadel. 2 Maschen abketten, die zweite Kronenspitze (= 25 Maschen) nach Zählmuster stricken. Die noch übrigen Maschen, die nicht benötigt werden, bleiben ungestrickt auf der Nadel. 2 Maschen abketten, die dritte Kronenspitze (= 14 Maschen) nach Zählmuster stricken. Nach Beenden der jeweiligen Kronenspitze den Faden abschneiden und zum Weiterstricken neu ansetzen.

4 Die Rückseite genauso arbeiten.

5 Strickteile spannen, anfeuchten und trocknen lassen.

6 Vorder- und Rückseite aufeinander legen und zusammennähen. Dabei am unteren Rand ein Stück offen lassen. Kissen mit der Füllwatte ausstopfen und Öffnung schließen. Mit der Füllwatte zuerst die Kronenecken ausstopfen, dann das restliche Kissen.

7 Jetzt das Kissen vollständig zusammennähen. Fäden vernähen. Drei rosafarbene Pompons anfertigen und an die Kronenspitzen annähen.

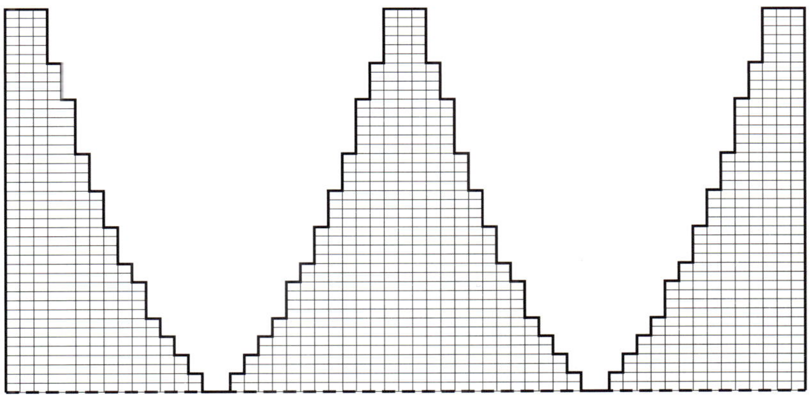

GRÖSSE
ca. 30 cm x 40 cm

MATERIAL
- Schachenmayr Brazilia in Hellgelb (Fb 23), 100 g
- Schachenmayr Brazilia in Rosa (Fb 37) und Lila (Fb 49), je 50 g
- 1 Paar Flex-Stricknadeln Nr. 4,5
- 3 Pomponschablonen, ø 3 cm oder evtl. Pompon-Set
- Füllwatte
- dicke Wollnadel

MASCHENPROBE
18 Maschen und 28 Reihen im Grundmuster gestrickt = 10 cm x 10 cm

GRUNDMUSTER
Glatt rechts: Hinreihe rechte Maschen, Rückreihe linke Maschen

Pompons aus Brazilia fusseln beim Aufschneiden sehr stark, weil immer auch die kleinen Härchen abgeschnitten werden. Am besten schneidest du die Pompons auf einer Unterlage auf, damit die Härchen nicht auf den Teppich oder auf die Tischdecke fallen.

Puschelige Eierwärmer

GRÖSSE
ca. 9 cm hoch

MATERIAL
- Schachenmayr Brazilia in Hellgelb (Fb 23), Orange (Fb 28), Rosé (Fb 40) und Hellblau (Fb 53), jeweils Reste
- 1 Paar Stricknadeln Nr. 4,5
- dicke Wollnadel
- Filzreste in Gelb, Rosa, Lila und Hellblau

MASCHENPROBE
18 Maschen und 28 Reihen im Grundmuster gestrickt = 10 cm x 10 cm

GRUNDMUSTER
Glatt rechts: Hinreihe rechte Maschen, Rückreihe linke Maschen

VORLAGE SEITE 79

1 Pro Eierwärmer in der entsprechenden Farbe 26 Maschen anschlagen und die 1.-14. Reihe im Grundmuster stricken. Die Anschlagkante bildet den unteren Rand.

2 Für die Abnahmen wie folgt arbeiten:
15. Reihe: eine Randmasche, 12 x je 2 Maschen rechts zusammenstricken, eine Randmasche = 14 Maschen.
16. Reihe: 14 Maschen stricken.
17. Reihe: eine Randmasche, 6 x je 2 Maschen rechts zusammenstricken, eine Randmasche = 8 Maschen.
18. Reihe: 8 Maschen stricken.
19. Reihe: eine Randmasche, 3 x je 2 Maschen rechts zusammenstricken, eine Randmasche = 5 Maschen
20.-27. Reihe: je 5 Maschen stricken.
Danach alle Maschen abketten.

3 Die Eierwärmer an den seitlichen Rändern zusammennähen und alle Fäden vernähen.

4 Die Blume von der Vorlage auf den Filz in der entsprechenden Farbe (siehe auch Abbildung) übertragen und entlang den Außen- und Innenkonturen ausschneiden. Den Zipfel des Eierwärmers zur Schlaufe knicken und durch den Blumenmittelpunkt stecken.

Aus einem Knäuel Brazilia kannst du vier Eierwärmer stricken.

Geldbeutel oder Schminktäschchen

GRÖSSE
ø 7 cm (9 cm)

MATERIAL BEUTEL

- Schachenmayr Brazilia Color in Indian summer (Fb 107), 50 g
- Schachenmayr Brazilia in Orange (Fb 28), 50 g
- Schachenmayr Brazilia Fantasy Color in Fantasy Mexico (Fb 387), 50 g

UMRANDUNG UND VERSCHLUSS

- Schachenmayr Denim in Orange meliert (Fb 26), Rest
- 1 Paar Stricknadeln Nr. 4,5
- dicke Wollnadel
- Häkelnadel Nr. 3

MASCHENPROBE
18 Maschen und 28 Reihen im Grundmuster mit Brazilia bzw. Brazilia color bzw. Brazilia Fantasy Color gestrickt = 10 cm x 10 cm

GRUNDMUSTER
Glatt rechts: Hinreihe rechte Maschen, Rückreihe linke Maschen

Hinweis
Die Angaben für die größeren Beutel stehen in Klammern.

1 8 (16) Maschen anschlagen und im Grundmuster stricken, dabei 4 x in jeder Reihe beidseitig (= am rechten und linken Arbeitsrand) je eine Masche aus dem Querfaden zunehmen = 16 (24) Maschen.

2 Danach beidseitig in jeder 2. Reihe 4 x je eine Masche aus dem Querfaden zunehmen = 24 (32) Maschen. Nun 12 (20) Reihen weiterstricken. Nun in umgekehrter Reihenfolge abnehmen. Zuerst 4 x beidseitig in jeder 2. Reihe je 2 Maschen zusammenstricken = 16 (24) Maschen und danach 4 x in jeder Reihe beidseitig je 2 Maschen zusammenstricken = 8 (16) Maschen. Danach alle Maschen abketten. Das Strickteil hat die Form eines Kreises.

3 Den äußeren Rand des Strickkreises mit 68 (88) festen Maschen mit Denim einhäkeln und die Maschen mit einer Kettmasche zur Runde schließen. Dazu mit der Häkelnadel in die erste feste Masche einstechen, Faden holen und durch die Häkelnadel und die eingestochene erste feste Masche durchziehen (siehe Seite 77).

Die Maschen lassen sich leichter einhäkeln, wenn du den Strickkreis in vier gleichgroße Teile einteilst. Stell dir dazu vor, der Strickkreis sei eine Uhr, auf der du bei 12 Uhr, 3 Uhr, 6 Uhr und 9 Uhr je einen Faden als Markierung einziehst. Jetzt kannst du in jedes Viertel 17 (22) feste Maschen häkeln.

4 Anschließend die zweite Runde wie folgt häkeln: eine Luftmasche, eine feste Masche, * mit 3 Luftmaschen eine feste Masche übergehen, eine feste Masche, ab * stets wiederholen. Die Runde mit einer Kettmasche schließen. Den Faden abschneiden und durch die letzte Kettmasche ziehen. Alle Fäden vernähen.

5 Eine Luftmaschen-Kette aus 100 Luftmaschen häkeln und durch die gehäkelte Lochreihe ziehen. Den Beutel mit der Luftmaschen-Kette zusammenziehen und zu einer Schleife binden.

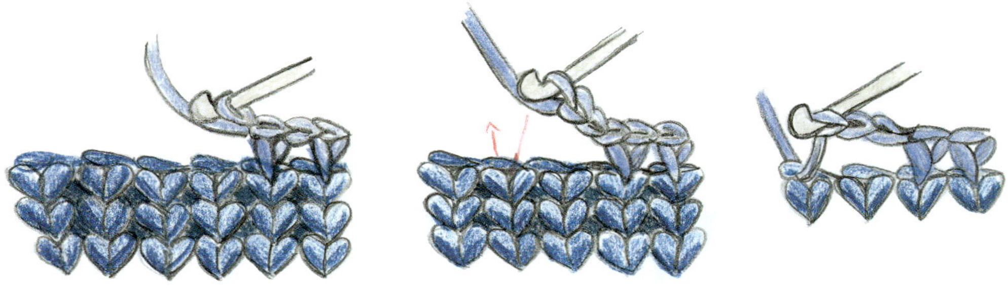

Damit ein Strickteil eine interessante Oberfläche bekommt, können Löcher eingestrickt werden.
Eine andere Art der Strickflächengestaltung ist das Stricken mit zwei oder mehreren Knäuel in einer Reihe, diesen Strickstil nennt man Intarsien.

Der Umschlag und das Lochmuster

Von den Zunahmen her kennst du bereits eine Möglichkeit kleine Löcher zu stricken, jedoch wird die Maschenzahl stets vergrößert. Bei Lochmustern wird ganz ähnlich vorgegangen. Hier entsteht durch einen so genannten Umschlag ein Loch. Der Umschlag ist eine zusätzliche Schlinge auf der Nadel, die abgestrickt wird. Damit aber die Maschenzahl gleich bleibt, wird gleichzeitig wieder eine Masche abgenommen, indem vor oder nach dem Umschlag 2 Maschen zusammengestrickt werden. Umschläge werden in der Regel immer in Hinreihen, also auf der Vorderseite gestrickt.

Grundmuster Glatt rechts

Lochmuster nach 2 zusammengestrickten Maschen

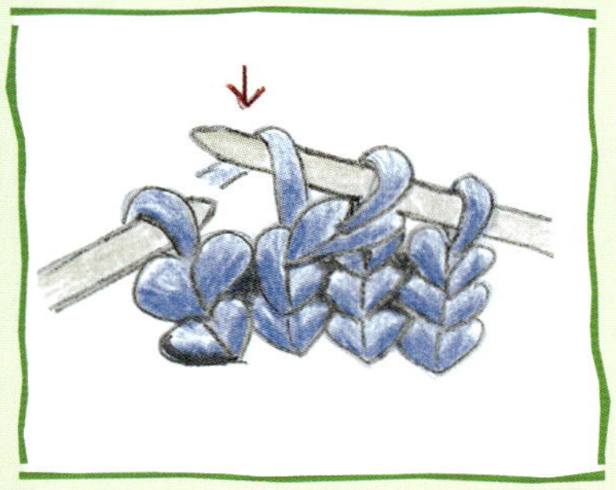

So geht's

1 Zuerst die beiden Maschen vor der Stelle, an der der Umschlag (also ein Loch) sein soll, rechts zusammenstricken. Jetzt ist eine Masche abgenommen. Danach den Faden von vorn nach hinten auf die rechte Nadel legen und anschließend die folgende Masche stricken.

2 In der Rückreihe alle Maschen und die Schlinge des Umschlags links stricken.

Lochmuster vor 2 zusammengestrickten Maschen

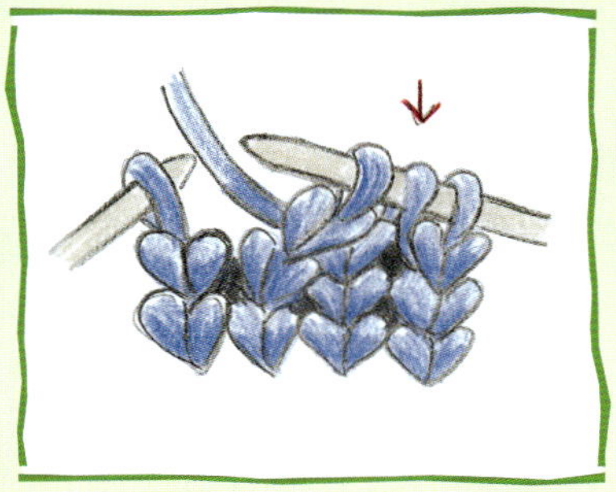

So geht's

1 Zuerst an der Stelle, an der der Umschlag (also ein Loch) sein soll, den Faden von vorn nach hinten auf die rechte Nadel legen (jetzt wird durch den Umschlag eine Masche zugenommen) und anschließend die folgenden beiden Maschen rechts zusammenstricken.

2 In der Rückreihe alle Maschen und die Schlinge des Umschlags links stricken.

Farbmuster stricken (Intarsien)

Intarsienmuster sind Einstrickmuster. Als Intarsie bezeichnet man sie deshalb, weil in einer Reihe mit einer oder mehreren Farben gleichzeitig gestrickt wird. Der Farbwechsel liegt also nicht am Rand (wie bei Streifen), sondern innerhalb einer Reihe. Dazu arbeitet man mit mehreren Farbknäueln gleichzeitig. Die Fäden der einzelnen Farben werden an den entsprechenden Stellen, wo die Farben liegen angeschlungen und hängen auf der Rückseite stets locker herunter, wenn sie nicht gebraucht werden. Wird die Farbe gewechselt, so werden die Fäden der nebeneinander liegenden Farben auf der Rückseite des Strickteiles verkreuzt, damit zwischen den Farbflächen keine Löcher entstehen. Die Farbfolge eines Farbmusters ist immer als Zählmuster angegeben. Wie du ein Zählmuster liest, findest du auf Seite 53.

Die Übergänge zwischen den einzelnen Farben nicht zu locker stricken, sonst werden die Maschen am Farbübergang zu groß und das sieht nicht so schön aus.

Verkreuzen der Fäden in der Hinreihe

So geht's

Den Faden der zuletzt gestrickten Farbe vor den Faden der folgenden neuen Farbe legen und weiter rechte Maschen stricken.

Verkreuzen der Fäden in der Rückreihe

So geht's

Den Faden der folgenden neuen Farbe vor den Faden der zuletzt gestrickten Farbe legen und weiter linke Maschen stricken.

Warme Mütze

Anleitung Seite 60

GRÖSSE
Kopfumfang ca. 50 cm - 54 cm

MATERIAL
- Schachenmayr Boston in Mittelblau (Fb 53) und Dunkelblau (Fb 50), je 50 g
- Schachenmayr Nordica in Dunkelblau (Fb 50), 50 g
- 1 Paar Stricknadeln Nr. 7
- dicke Wollnadel

MASCHENPROBE
12 Maschen und 18 Reihen im Grundmuster II mit Boston oder Nordica gestrickt = 10 cm x 10 cm

GRUNDMUSTER I
Glatt rechts mit Farbmuster in Intarsientechnik: Hinreihe rechte Masche, Rückreihe linke Maschen. Das Muster laut Angaben einstricken und die Fäden auf der Rückseite stets verkreuzen

GRUNDMUSTER II
Glatt rechts: Hinreihe rechte Masche, Rückreihe linke Maschen

Warme Mütze

Bündchenmuster

Hinreihe: 2 Maschen rechts, 2 Maschen links im Wechsel stricken. Rückreihe: Maschen stricken, wie sie erscheinen

1 Zuerst die Knäuel aus Boston jeweils zur Hälfte abwickeln, sodass je zwei Knäuel Mittelblau und Dunkelblau vorliegen.

2 Für das untere Mützenteil nur mit Boston stricken. Zuerst 56 Maschen in Mittelblau anschlagen und 4 Reihen im Bündchenmuster stricken. Danach im Grundmuster I mit folgender Einteilung weiterstricken: 14 Maschen mittelblau, 14 Maschen dunkelblau, 14 Maschen mittelblau, 14 Maschen dunkelblau stricken. Nach der 21. Reihe im Grundmuster I (= nach der 25. Reihe insgesamt) alle Maschen abketten.

3 Für das obere Mützenteil 4 Maschen mit Nordica anschlagen und im Grundmuster II 14 Reihen stricken, dabei beidseitig (= am Anfang und Ende jeder Reihe) in jeder 2. Reihe je eine Masche aus dem Querfaden zunehmen = 18 Maschen. Danach 6 Reihen über je 18 Maschen stricken. Nun noch 14 Reihen weiter stricken, dabei beidseitig in jeder 2. Reihe je 2 Maschen zusammenstricken = 4 Maschen. Danach die Maschen abketten.

4 Teile spannen, anfeuchten und trocknen lassen.

5 Die Seiten des unteren Mützenteiles zusammennähen. Das obere, ovale Mützenteil auf das untere Mützenteil nähen und alle Fäden vernähen.

Mütze mit Lochmuster

Lochmuster

1. Reihe = Hinreihe: die 1. Masche als Randmasche rechts stricken, * ein Umschlag, 2 Maschen rechts zusammenstricken **, die folgenden Maschen wie von * bis ** angegeben stricken, bis noch eine Masche auf der linken Nadel liegt, die letzte Masche als Randmasche rechts abstricken.

2. Reihe = Rückreihe: alle Maschen und Umschläge links stricken.

Die 1. und 2. Reihe stets wiederholen.

1 100 Maschen anschlagen. Die Anschlagkante bildet den unteren Mützenrand.

2 Für den Bund am Mützenrand zuerst 4 Reihen im Grundmuster, dann 2 Reihen im Lochmuster und danach 4 Reihen im Grundmuster weiterarbeiten = 10 Reihen.

3 Nun für das Muster wie folgt stricken: 4 Reihen im Lochmuster, 4 Reihen im Grundmuster, 4 Reihen im Lochmuster, 4 Reihen im Grundmuster, 4 Reihen im Lochmuster, 2 Reihen im Grundmuster = 32 Reihen insgesamt.

4 Danach im Grundmuster weiterstricken, dabei die Abnahmen wie folgt stricken:

33. Reihe: eine Masche rechts (= Randmasche), *die folgenden 2 Maschen rechts zusammenstricken, eine Masche rechts **, den Vorgang von * bis ** über die gesamte Reihe wiederholen (die letzte Masche wird als Randmasche rechts gestrickt) = 66 Maschen.

34.-40. Reihe: je 66 Maschen stricken.

41. Reihe: eine Masche rechts (= Randmasche), *die folgenden 2 Maschen rechts zusammenstricken, 2 Maschen rechts **, den Vorgang von * bis ** bis zur letzen Masche wiederholen, die letzte Masche als Randmasche rechts stricken = 50 Maschen.

42.-48. Reihe: je 50 Maschen stricken.

49. Reihe: eine Masche rechts (= Randmasche), je 2 Maschen rechts zusammenstricken und die letzte Masche als Randmasche rechts stricken = 26 Maschen.

50.-52. Reihe: je 26 Maschen stricken.

53. Reihe: eine Masche rechts (= Randmasche), je 2 Maschen rechts zusammenstricken und die letzte Masche als Randmasche rechts stricken = 14 Maschen.

54.-56. Reihe: je 14 Maschen stricken.

5 Den Faden etwas länger abschneiden und die Maschen wie folgt zusammenziehen: Den Faden auf die Wollnadel fädeln und die Maschenschlingen mit der Wollnadel wie zum Linksstricken von der Stricknadel heben. Sind alle Maschen von der Stricknadel genommen, den Faden fest anziehen und vernähen.

6 Die Mütze am seitlichen Rand zusammennähen und alle Fäden vernähen. Den Bund am unteren Mützenrand an der Lochmuster-Reihe zur Hälfte nach innen umschlagen und festnähen.

7 Anschließend eine Blume wie auf Seite 19 beschrieben anfertigen und seitlich annähen. Die Indianerperlen in die Blumenmitte und am Ende der Bänder laut Abbildung nähen.

Wenn du die Mütze mit Indianerperlen schmückst, sollte die Mütze von Hand gewaschen werden. Die Indianerperlen verlieren sonst die Farbe.

GRÖSSE

Kopfumfang ca. 50 cm - 54 cm

MATERIAL

- Schachenmayr Brillant Pink (Fb 36), 50 g
- 1 Paar Stricknadeln Nr. 4
- 12 Indianerperlen in Rot, ø 4,5 mm
- dicke Wollnadel
- dünne Nähnadel
- passendes Nähgarn

MASCHENPROBE

20 Maschen und 26 Reihen im Grundmuster gestrickt = 10 cm x 10 cm

GRUNDMUSTER

Glatt rechts: Hinreihe rechte Maschen, Rückreihe linke Maschen stricken

Gestricktes für den Tisch

Tischset

1 42 Maschen in Flieder anschlagen und im Grundmuster I 10 Reihen stricken.

2 Danach laut Zählmuster zuerst die **1.-6. Reihe** in Hellblau weiterarbeiten, dann in der **7.-36. Reihe** den gelben Kreis einstricken und zuletzt die **37.-42. Reihe** noch in Hellblau stricken. Außerdem in jeder Reihe die ersten und die letzten je 8 Maschen stets im Grundmuster I (im Zählmuster durch die beiden Längsbalken zur besseren Übersicht markiert), die mittleren 26 Maschen stets im Grundmuster II stricken. Nach der **42. Reihe** des Zählmusters im Grundmuster I noch 10 Reihen in Flieder stricken und danach alle Maschen abketten.

3 Strickteil spannen, anfeuchten und trocknen lassen. Alle Fäden vernähen.

4 Die Kontur des gelben Kreises mit fliederfarbenen Stielstichen übersticken. Für das Gesicht Augen und Nase mit Knötchenstichen, den Mund mit Stielstichen in Flieder aufsticken (siehe auch Seite 75).

Da hier zum Intarsienstricken zwei hellblaue Knäuel gebraucht werden, aber in der Materialliste nur ein Knäuel angegeben ist, solltest du vor Beginn des Farbmusters die Hälfte vom hellblauen Knäuel zu einem zweiten Knäuel abwickeln.

Achtung!
Das Windlicht nie unbeaufsichtigt brennen lassen.

Windlicht und Vase

Lochmuster

1. Reihe = Hinreihe: die erste Masche als Randmasche rechts stricken, * ein Umschlag, 2 Maschen rechts zusammenstricken **, die folgenden Maschen wie von * bis ** angegeben stricken, bis noch eine Masche auf der linken Nadel liegt, die letzte Masche als Randmasche rechts abstricken.
2. Reihe = Rückreihe: alle Maschen und Umschläge links stricken.
Die 1. und 2. Reihe stets wiederholen.

Windlicht

1 24 Maschen in Rosé anschlagen und im Grundmuster 2 Reihen stricken. Danach im Lochmuster 10 Reihen arbeiten.

2 Zuletzt in der folgenden Hinreihe alle Maschen rechts stricken und gleichzeitig abketten.

Vase

1 18 Maschen in Gelb anschlagen und im Grundmuster 2 Reihen stricken. Danach im Lochmuster 26 Reihen arbeiten.

2 Zuletzt in der folgenden Hinreihe alle Maschen rechts stricken und gleichzeitig abketten.

Fertig stellen

1 Strickteile an den seitlichen Rändern zusammennähen und alle Fäden vernähen.

2 Für die Vase drei dunkellila Fäden, für das Windlicht drei hellblaue Fäden von je ca. 60 cm Länge zu einem Band von 50 cm Länge flechten. Die Flechtbänder jeweils am oberen Rand in das Lochmuster einziehen und zu Schleifen binden.

Als hübsche Dekoration kannst du aus Filz z.B. Rechtecke (ca. 4 cm x 3 cm) oder Kreise (ca. ø 3 cm) schneiden und an den Flechtbändern befestigen. Dafür schneidest du die Rechtecke oder Kreise in der Mitte kreuzförmig ein, ziehst beide Enden der Flechtschnur durch und bindest dann eine Schleife.

GRÖSSE
Tischset ca. 35 cm x 30 cm

MATERIAL
- Schachenmayr Boston in Gelb (Fb 22), Flieder (43) und Hellblau (Fb 55), je 50 g
- 1 Paar Stricknadeln Nr. 7
- dicke Wollnadel

MASCHENPROBE
12 Maschen und 18 Reihen im Grundmuster II gestrickt = 10 cm x 10 cm

GRUNDMUSTER I
Kraus rechts: Hinreihe rechte Maschen, Rückreihe rechte Maschen

GRUNDMUSTER II
Glatt rechts mit Farbmuster in Intarsientechnik: Hinreihe rechte Masche, Rückreihe linke Maschen. Das Muster laut Zählmuster einstricken und die Fäden auf der Rückseite stets verkreuzen

ZÄHLMUSTER SEITE 78

GRÖSSE
Windlicht ca. ø 7 cm, 7 cm hoch
Vase ca. ø 6 cm, 15 cm hoch

MATERIAL
- Schachenmayr Boston für die Vase in Gelb (Fb 22), 50 g und Dunkellila (Fb 38), Rest für das Windlicht in Rosé (Fb 34), 50 g und Hellblau (Fb 55), Rest
- 1 Paar Stricknadeln Nr. 7
- dicke Wollnadel
- Filz in Gelb und Rosa
- Windlichtglas, ø 7 cm, 7 cm hoch
- altes Trinkglas, ø 5,5 cm, 12 cm hoch

MASCHENPROBE
6 Maschen und 16 Reihen im Lochmuster gestrickt = 10 cm x 10 cm

GRUNDMUSTER
Glatt rechts: Hinreihe rechte Maschen, Rückreihe linke Maschen

Wandbehang mit Geheimfach

GRÖSSE
ca. 30 x 30 cm

MATERIAL
- Schachenmayr Brazilia Lungo in Hellblau (Fb 252) und Pink (Fb 236), je 50 und in Gelb (Fb 222), Rest
- 1 Paar Stricknadeln Nr. 6
- Häkelnadel Nr. 6
- dicke Wollnadel
- Crea-pop Folie, ca. 35 cm x 35 cm
- Lochzange

MASCHENPROBE
15 Maschen und 24 Reihen im Grundmuster II gestrickt = 10 cm x 10 cm

GRUNDMUSTER I
Glatt rechts mit Farbmuster in Intarsientechnik: Hinreihe rechte Masche, Rückreihe linke Maschen. Das Muster laut Zählmuster einstricken und die Fäden auf der Rückseite stets verkreuzen

GRUNDMUSTER II
Glatt rechts: Hinreihe rechte Masche, Rückreihe linke Maschen

1 Für den Wandbehang 45 Maschen in Hellblau anschlagen und im Grundmuster I laut Zählmuster die 1.-72. Reihe 1 x arbeiten, dabei den Stern in Pink einstricken. Nach der 72. Reihe alle Maschen abketten.

2 Für die Tasche 15 Maschen in Pink anschlagen und im Grundmuster II 26 Reihen stricken. Nach der 26. Reihe alle Maschen abketten.

3 Den Wandbehang mit festen Maschen in Hellblau umhäkeln. Dafür an jeder Seite 45 feste Maschen häkeln. In den Ecken je 3 feste Maschen in eine Einstichstelle häkeln (siehe auch Seite 77).

4 Die Tasche mittig mit einem Blümchen aus fünf gelben Margeritenstichen besticken. Anschließend die Tasche mittig auf den Stern des Wandbehanges nähen, jedoch den oberen Rand als Tascheneingriff offen lassen.

5 Aus der Folie ein Quadrat von 30 cm x 30 cm schneiden und mit einer Lochzange Löcher von je ca. ø 0,2 mm und gleichmäßig im Abstand von 1 cm in die Außenkanten knipsen. Zur Stabilisierung die Folie an die Rückseite des Wandbehanges nähen, dabei jeweils durch die Löcher an den Außenkanten stechen.

6 In Hellblau mit der Häkelnadel in die beiden oberen Ecken je 10 Luftmaschen häkeln. Mit dem Anfangs- und Endfaden annähen. Fäden vernähen.

Wie du ein Zählmuster liest, findet du auf Seite 53.

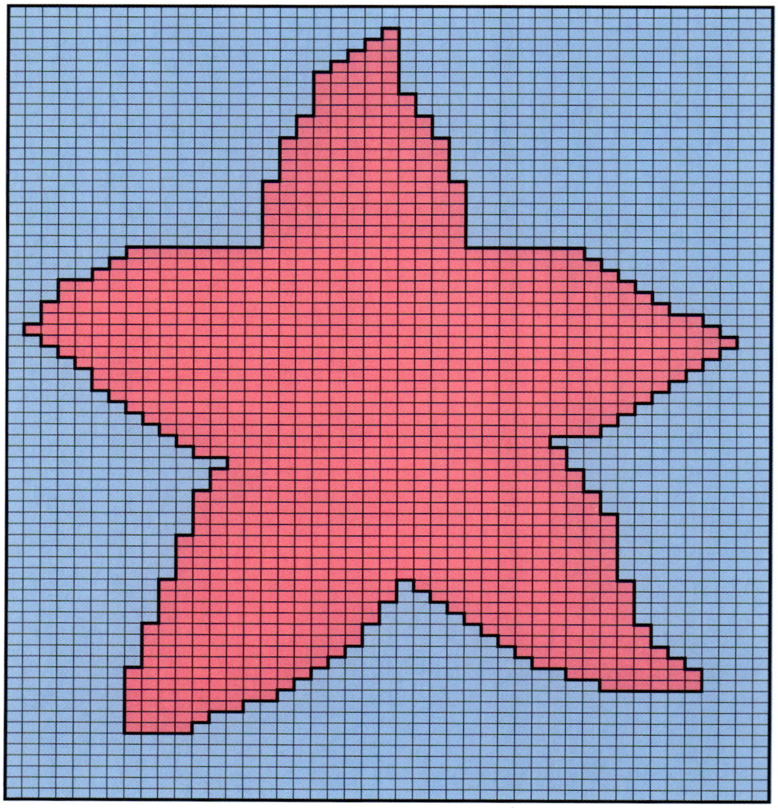

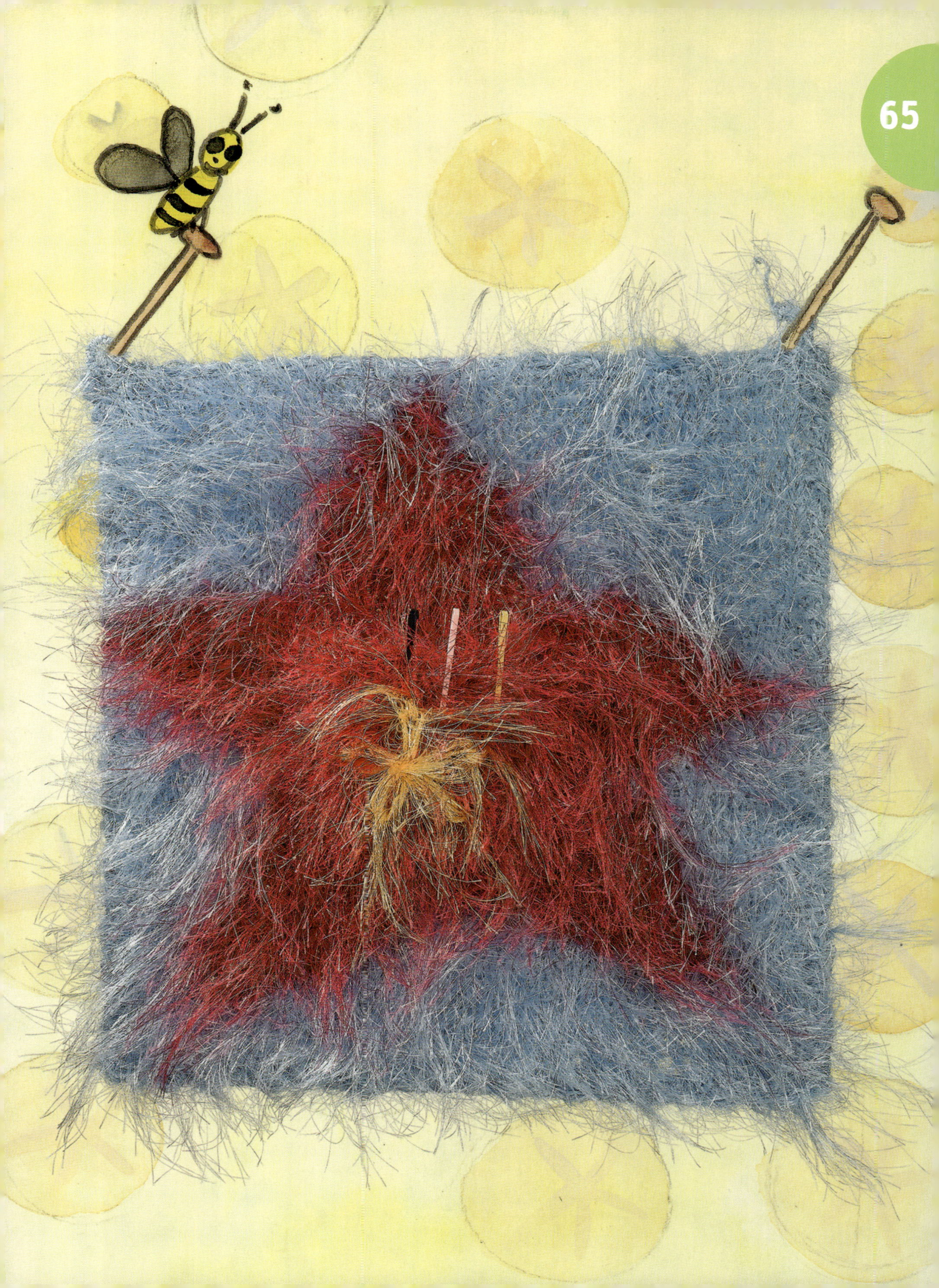

Topmodische Schals

Fallmaschenmuster

Das Muster heißt Fallmaschenmuster, weil in der vorletzten Reihe Maschen fallen gelassen werden, die dann nach unten durch alle Reihen aufgeribbelt werden. Dadurch entstehen Lochstreifen.

1. Reihe = Hinreihe: eine Randmasche, * eine Masche rechts, 2 Maschen rechts zusammenstricken, ein Umschlag **, die folgenden Maschen wie von * bis ** angegeben solange wiederholen, bis noch 3 Maschen auf der linken Nadel liegen. Die Reihe endet mit 2 Maschen rechts und einer Randmasche.

2. Reihe = Rückreihe: alle Maschen und Umschläge links stricken.

Das Arbeitsende:

vorletzte Reihe = Hinreihe: Randmasche, * 2 Maschen rechts, eine Masche fallen lassen, den Querfaden der fallen gelassenen Masche auf die linke Nadel nehmen (von vorne nach hinten einstechen) und eine rechte Masche stricken **, die folgenden Maschen wie von * bis ** angegeben solange wiederholen, bis noch 3 Maschen auf der linken Nadel liegen. Die Reihe endet mit 2 Maschen rechts und einer Randmasche.

2. Reihe = Rückreihe: alle Maschen links stricken und gleichzeitig abketten.

Schal in Rosa

1 22 Maschen anschlagen und die erste und zweite Reihe im Fallmaschenmuster stricken. Dann 110 Reihen im Grundmuster weiterstricken.

2 Danach die letzten 2 Reihen im Fallmaschenmuster (= Arbeitsende) stricken. Die fallen gelassenen Maschen stehen als kleine Schlingen auf der Vorderseite hervor.

3 Nun die Fallmaschen durch die gesamte Länge des Schals bis zur Anschlagkante aufziehen. Dafür in jeder Reihe den Querfaden aus den Schlingen ziehen.

4 Die Fäden vernähen.

5 An den Außenkanten der Schmalseiten je neun Bügelperlen festnähen. Dafür einen längeren Faden an der Ecke annähen, eine Perle auffädeln und neben der Ausstichstelle wieder einstechen. Auf der Rückseite zur nächsten Stelle, an der eine weitere Perle liegen soll, weiter gehen, wieder ausstechen, eine Perle auffädeln und wieder einstechen. So fortfahren bis alle Perlen aufgenäht sind.

Schal in Hellblau

1 22 Maschen anschlagen und wie beim rosafarbenen Schal beschrieben stricken, jedoch nach der ersten und zweiten Reihe 156 Reihen im Grundmuster arbeiten.

2 An den Schmalseiten Fransen einknüpfen (siehe auch Seite 36). Dafür pro Seite 7x je drei Fäden von 32 cm schneiden, doppelt legen und gleichmäßig verteilt einknüpfen. Anschließend am äußeren Rand drei Fäden der ersten Franse hängen lassen. Dann in die restlichen drei Fäden der ersten Franse und in drei Fransen der zweiten Franse eine Perle einziehen und darunter einen doppelten Knoten setzen. Anschließend in die restlichen drei Fäden der zweiten Franse zusammen mit drei Fäden der dritten Franse eine Perle einziehen und darunter einen doppelten Knoten setzen. So fortfahren bis alle Fäden verknotet sind. Enden mit drei hängenden Fäden der siebten Franse.

GRÖSSE
hellblauer Schal ca. 1,10 m lang (mit Fransen)
rosafarbener Schal ca. 90 cm lang

MATERIAL
- 1 Paar Stricknadeln Nr. 7
- dicke Wollnadel

HELLBLAUER SCHAL
- Schachenmayr Princess in Hellblau (Fb 52), 50 g
- 12 große Bügelperlen in Hellblau
- Häkelnadel Nr. 5

ROSAFARBENER SCHAL
- Schachenmayr Brazilia in Rosé (Fb 40), 50 g
- 18 große Bügelperlen in Rosa

MASCHENPROBE
12 Maschen und 18 Reihen im Fallmaschenmuster mit Brazilia oder Princess gestrickt = 10 cm x 10 cm

GRUNDMUSTER
Glatt rechts: Hinreihe rechte Maschen, Rückreihe linke Maschen

Kuschelige Hausschuhe

GRÖSSE
28-30 (31-33) 34-36 (37-39)

MATERIAL
- Schachenmayr Boston, je 100 g in folgenden Farbkombinationen:
  in Orange (Fb 26) und Pink (Fb 35)
  in Hellgrün (Fb 71) und Gelb (Fb 22)
  in Lila (Fb 38) und Flieder (Fb 43)
  in Blau (Fb 53) und Helltürkis (Fb 56)
- 1 Paar Flex-Stricknadeln Nr. 7
- dicke Wollnadel
- 2 Sicherheitsnadeln

MASCHENPROBE
8 Maschen und 17 Reihen im Grundmuster II mit doppeltem Faden Boston gestrickt = 10 cm x 10 cm

GRUNDMUSTER I
Glatt rechts mit Farbmuster in Intarsientechnik: Hinreihe rechte Masche, Rückreihe linke Maschen. Das Muster laut Angaben einstricken und die Fäden auf der Rückseite stets verkreuzen

GRUNDMUSTER II
Kraus rechts: Hinreihe rechte Masche, Rückreihe rechte Maschen

Achtung!
Die Angaben der Maschen und cm stehen immer in der gleichen Reihenfolge, wie die Größenangaben. In der Anleitung gelten die vordersten Angaben immer für die Größe 28-30 (die Angaben in der ersten Klammer für die Größe 31-33), die Angabe zwischen den Klammern für die Größe 34-36, (die Angaben in der letzten Klammer für die Größe 37-39).
Markiere deine Größe mit einem Textmarker. So findest du immer schnell die Angaben, die du für deine Größe brauchst.

1 Zuerst für den Bund 18 (20) 22 (24) Maschen mit doppeltem Faden anschlagen, dabei die ersten 9 (10) 11 (12) Maschen in der ersten Farbe, die nächsten 9 (10) 11 (12) Maschen in der zweiten Farbe anschlagen.

2 Nun zuerst im Grundmuster I 2 cm stricken. Danach am rechten und linken Arbeitsrand 6 (6) 7 (7) Maschen auf einer Sicherheitsnadel stilllegen. Dafür am Beginn der Reihe die entsprechende Maschenzahl auf eine Sicherheitsnadel schieben. Die Sicherheitsnadel schließen, damit die Maschen nicht herunterfallen (siehe auch Zeichnung).

3 Dann für die Schuhoberseite über die mittleren 6 (8) 8 (10) Maschen im Grundmuster I 10 (12) 12 (13) cm stricken. Den Faden abschneiden.

4 Nun für die Schuhhöhe mit je einem Faden der 1. und 2. Farbe wie folgt weiterstricken: zuerst über die rechten 6 (6) 7 (7) stillgelegten Maschen stricken (dafür die Sicherheitsnadel öffnen, alle Maschen wieder auf die linke Stricknadel schieben und danach die Maschen abstricken), aus dem rechten Arbeitsrand 11 (14) 14 (16) Maschen auffassen, die mittleren 6 (8) 8 (10) Maschen stricken, am linken Arbeitsrand 11 (14) 14 (16) Maschen auffassen und zuletzt die stillgelegten Maschen am linken Rand stricken = 40 (48) 50 (56) Maschen.

5 Anschließend im Grundmuster II 8 (8) 9 (9) cm über alle Maschen stricken. Danach alle Maschen abketten. Den zweiten Schuh genauso stricken.

6 Alle Fäden vernähen. Dann zuerst die hintere Naht und danach den unteren Rand (= Fußsohle) zusammennähen.

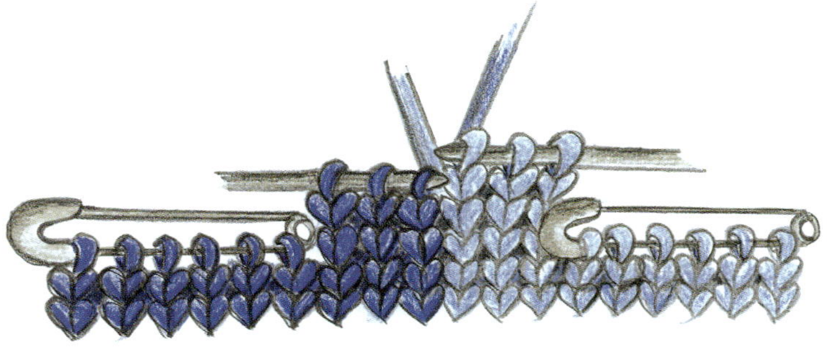

Du hast Lust auf einen wuscheligen Rand an deinen Hausschuhen? Dann kannst du den oberen Rand in einer passenden Farbe noch mit einem weichen Garn mit kleinen Härchen wie z.B. Brazilia umhäkeln. Dafür das Garn doppelt nehmen und mit einer Häkelnadel Nr. 6 mit festen Maschen umhäkeln. (siehe Seite 77). Anschließend die Fäden vernähen.

Kuscheliges fürs Bett

Nackenrolle

Bündchenmuster

Hinreihe: 2 Maschen rechts, 2 Maschen links im Wechsel.
Rückreihe: Maschen stricken, wie sie erscheinen.

1 76 Maschen in Pink anschlagen und 6 cm im Bündchenmuster stricken. Die Anschlagkante bildet den linken seitlichen Rand.

2 Dann im Grundmuster II in der Streifenfarbfolge wie folgt arbeiten: 10 Reihen hellgrün, 10 Reihen lachs, 4 Reihen gelb, 4 Reihen lachs, 2 Reihen pink. Anschließend laut Zählmuster 64 Reihen im Grundmuster I arbeiten.

3 Danach im Grundmuster II in der Streifenfarbfolge wie folgt stricken: 2 Reihen lachs, 4 Reihen pink, 4 Reihen hellgrün, 10 Reihen pink, 10 Reihen gelb. Zuletzt noch 6 cm in Lachs stricken und danach alle Maschen abketten.

4 Die Längskanten zusammennähen und alle Fäden vernähen. Die Nackenrollehülle über die Nackenrolle ziehen.

5 Aus der orange- und pinkfarbenen Wolle je drei Fadenbündel aus je drei Fäden von ca. 90 cm Länge schneiden. Die Fadenbündel jeweils zu einem Band von ca. 75 cm Länge flechten. Die Nackenrolle seitlich zusammenbinden.

Eine Nackenrolle ist schnell und billig selbst gemacht! Dafür drückst du einfach einen großen Beutel Füllwatte samt Plastikverpackung in Nackenrollenform zusammen und klebst die Form mit Klebeband rund ab. Fertig!

GRÖSSE
Nackenrolle ca. ø 15 cm, 65 cm lang

MATERIAL
- Schachenmayr Rosato in Gelb (Fb 22), Lachs (Fb 37), Pink (Fb 36) und Hellgrün (Fb 72), je 50 g
- 1 Paar Stricknadeln Nr. 4
- Nackenrolle, ø 15 cm, 50 cm lang oder evtl. Füllwatte und Klebstreifen
- dicke Wollnadel

MASCHENPROBE
18 Maschen und 24 Reihen im Grundmuster II gestrickt = 10 cm x 10 cm

GRUNDMUSTER I
Glatt rechts mit Farbmuster in Intarsientechnik: Hinreihe rechte Masche, Rückreihe linke Maschen. Das Muster laut Zählmuster einstricken und die Fäden auf der Rückseite stets verkreuzen

GRUNDMUSTER II
Glatt rechts: Hinreihe rechte Masche, Rückreihe linke Maschen

ZÄHLMUSTER SEITE 78

Wärmflasche

GRÖSSE
Wärmflasche für 750 ml Inhalt

MATERIAL
- Schachenmayr Baros in Hellblau (Fb 53) und Orange (Fb 26), je 50 g
- Schachenmayr Rosato in Hellgrün (Fb 72) und Gelb (Fb 22), Reste
- 1 Paar Stricknadeln Nr. 5
- dicke Wollnadel
- handelsübliche Wärmflasche (750 ml)

MASCHENPROBE
17 Maschen und 26 Reihen im Grundmuster II mit Baros gestrickt = 10 cm x 10 cm

GRUNDMUSTER I
Glatt rechts mit Farbmuster in Intarsientechnik: Hinreihe rechte Masche, Rückreihe linke Maschen. Das Muster laut Zählmuster einstricken und die Fäden auf der Rückseite stets verkreuzen

GRUNDMUSTER II
Glatt rechts: Hinreihe rechte Masche, Rückreihe linke Maschen

ZÄHLMUSTER SEITE 78

Bündchenmuster

Hinreihe: 2 Maschen rechts, 2 Maschen links im Wechsel.
Rückreihe: Maschen stricken, wie sie erscheinen.

Lochmuster

1. Reihe = Hinreihe: die 1. Masche als Randmasche rechts stricken, * 2 Maschen rechts zusammenstricken, ein Umschlag **, die folgenden Maschen wie von * bis ** angegeben stricken, bis noch eine Masche auf der linken Nadel liegt, die letzte Masche als Randmasche rechts abstricken.
2. Reihe = Rückreihe: alle Maschen und Umschläge links stricken.

Fortsetzung auf Seite 72

Fortsetzung von Seite 71

1 Für die Vorderseite 56 Maschen in Hellblau anschlagen und im Grundmuster I 54 Reihen stricken. Dann in Orange eine Lochmusterreihe (= Hin- und Rückreihe) arbeiten.

2 Anschließend 14 Reihen im Bündchenmuster stricken, dabei die Farbstreifen wie folgt ausführen: 4 Reihen orange, 2 Reihen hellblau, 8 Reihen orange. Danach alle Maschen abketten.

3 Den Schmetterling mit Rosato in Hellgrün wie folgt besticken: die Fühler mit Stielstichen, die oberen Flügel mit je einem Blümchen aus fünf Margeritenstiche, die unteren Flügel mit je drei Knötchenstichen. Fäden auf der Rückseite vernähen.

4 Für den Schmetterlingskörper ein ca. 12 cm langes Band aus zwölf Fäden mit Rosato in Gelb flechten und aufnähen.

5 Seiten zusammennähen, Naht nach hinten legen (= hintere Mitte) und am unteren Rand zusammennähen. Alle Fäden vernähen.

6 Je drei Fäden von ca. 70 cm Länge in Orange und Hellblau zu drei Fadenbündeln legen und zu einem ca. 55 cm langen Band flechten. Die Bandenden verknoten und die überstehenden Fäden gleichmäßig zurückschneiden.

7 Das Flechtband in die Lochreihe einweben und zu einer Schleife binden.

Den Stielstich, Knötchen- und Margeritenstich findet du auf Seite 75.

Lampenschirm im Stricklook

Lochmuster

1. Reihe = Hinreihe: die erste Masche als Randmasche rechts stricken, * 2 Maschen rechts zusammenstricken, ein Umschlag **, die folgenden Maschen wie von * bis ** angegeben stricken, bis noch eine Masche auf der linken Nadel liegt, die letzte Masche als Randmasche rechts stricken.
2. Reihe = Rückreihe: alle Maschen und Umschläge links stricken.
Die 1. und 2. Reihe stets wiederholen.

Streifenfarbfolge

Je 18 Reihen in Gelb, Orange und Pink.

GRÖSSE
ca. ø 30 cm

MATERIAL
- Schachenmayr Brazilia Lungo in Gelb (Fb 222), Orange (Fb 225) und Pink (Fb 236), je 50 g
- 1 Paar Stricknadeln Nr. 5
- dicke Wollnadel
- dünne Nähnadel
- passendes Nähgarn
- Reispapier-Lampenschirm, ø 30 cm
- Seidenfransen in Rot, ø 20 cm, 4 cm lang

MASCHENPROBE
14 Maschen und 18 Reihen im Lochmuster gestrickt = 10 cm x 10 cm

1 90 Maschen in Gelb anschlagen und 54 Reihen im Lochmuster in der Streifenfarbfolge stricken. Danach alle Maschen abketten.

2 Die Schmalseiten zusammennähen, sodass ein Strickschlauch entsteht. Am oberen und unteren Rand je einen doppelten Faden in Gelb bzw. Pink in die äußerste Lochreihe einziehen.

3 Den Strickschlauch über den Lampenschirm legen und den oberen und unteren Rand über den Öffnungen des Lampenschirmes jeweils so zusammenziehen, dass die Öffnung dem Durchmesser der Lampenschirmöffnung entspricht. Alle Fäden vernähen.

4 An der unteren Öffnung die Seidenfransen mit Nähgarn und Nähnadel annähen.

Hier bekommst du Tipps und Tricks zum Verarbeiten und Verschönern deiner Strickteile.

Teile spannen und zusammennähen

Nach dem Stricken ist es wichtig die Strickteile zu verarbeiten, manche müssen gespannt und angefeuchtet werden. Sie erhalten so ein ebenmäßiges Strickbild und erleichtern das Zusammennähen. Außerdem werden die Strickteile dadurch besonders schön und bleiben gut in Form.

Teile spannen

Die fertigen Strickteile mit Stecknadeln auf eine weiche Unterlage, z. B. aus Styropor, stecken. Dabei muss darauf geachtet werden, dass sie den Maßen entsprechen und sich nicht verziehen. Anschließend das Strickteil mit Wasser anfeuchten und wieder gut trocknen lassen. Zum Anfeuchten eigenen sich Wäschesprüher oder Sprühflaschen, wie sie z. B. für die Pflanzen verwendet werden. Strickstücke, die sich an den Rändern einrollen (z. B. das Top auf Seite 51), lassen sich wieder glätten. Strickteile mit unregelmäßigem Strickbild aufgrund der Technik (z. B. Nackenrolle und Wärmflasche auf Seite 70) bekommen ein regelmäßigeres Strickbild. Jetzt können die Strickteile auch besser und einfacher zusammengenäht werden.

Matratzenstich

Der Matratzenstich ist ein einfacher Stich zum Zusammennähen von rechten Maschen. Gearbeitet wird auf der Vorderseite der Strickteile.

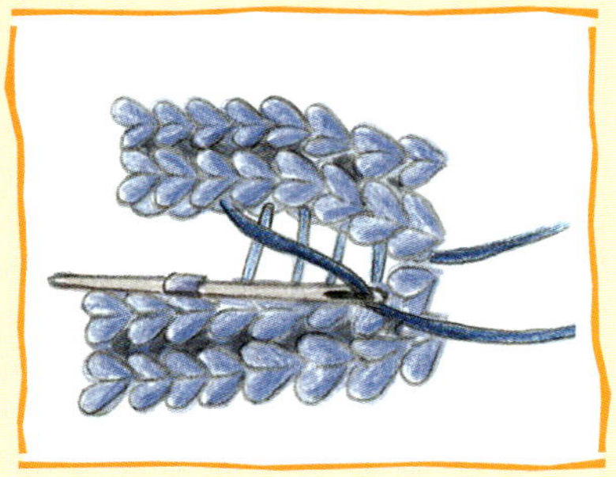

So geht's

1 Strickteile nebeneinander legen und auf der Vorderseite von rechts nach links mit einer stumpfen Wollnadel zusammennähen. Dabei nach der Randmasche die Querfäden fassen und die Nadel mit Faden durchziehen.

2 An der gegenüber liegenden Seite die Querfäden genauso fassen.

Glatt links oder Kraus rechts gestrickte Teile zusammennähen

Um hier eine unauffällige Naht zu bekommen, wird der Faden auf der Vorderseite durch die einzelnen Räupchen gezogen.

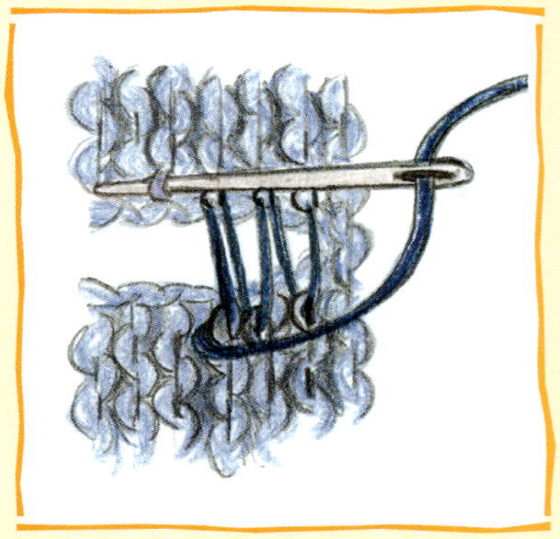

So geht's

1 Strickteile nebeneinander legen und auf der Vorderseite mit einer stumpfen Wollnadel von rechts nach links zusammennähen, dabei das jeweils äußerste Räupchen fassen und die Nadel mit Faden durchziehen.

2 An der gegenüber liegenden Seite die Räupchen genauso fassen.

Zierstiche

Mit den hier gezeigten Stickstichen lassen sich Strickteile auf einfache und schnelle Art verschönern. Die Zierstiche werden mit einer stumpfen Nadel aufgestickt.

Stielstich

Der Stielstich wird von links nach rechts gearbeitet. Die Stiche liegen auf einer Linie. Zuerst am Beginn der Linie ausstechen und ein kleines Stück weiter wieder einstechen. Nun auf der Rückseite die halbe Stichlänge zurückgehen, ausstechen, ein kleines Stück weitergehen und wieder einstechen. Diesen Vorgang stets wiederholen.

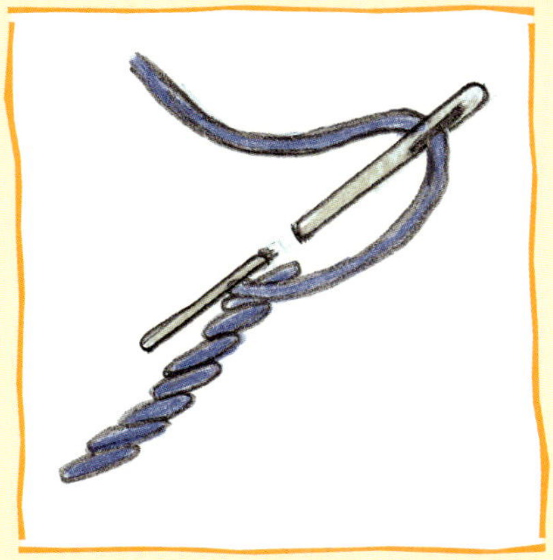

Willst du Stielstiche sticken, ist es hilfreich, die Linie mit einem Zauberstift zu markieren. Ein Zauberstift verschwindet nach einer Weile wieder von alleine. Diese Stifte sind im Handarbeiten-Fachhandel erhältlich.

Knötchenstich

An der Stelle, an der das Knötchen sitzen soll, ausstechen. Danach den Faden mehrmals um die Nadel wickeln (eventuell mit den Fingern der anderen Hand locker festhalten) und die Nadel durchziehen. Danach

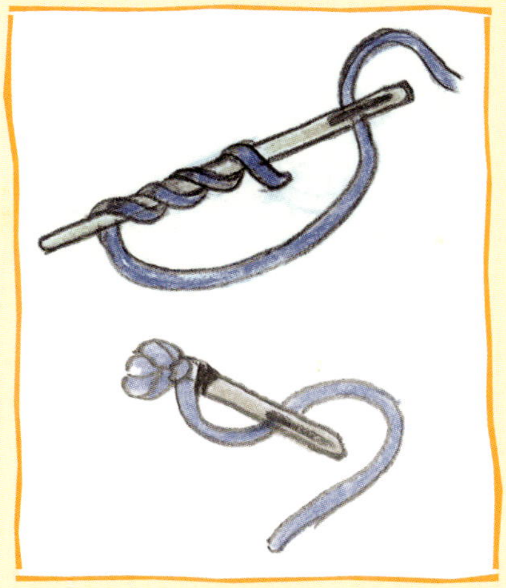

knapp neben der Ausstichstelle wieder einstechen und das Knötchen festziehen.

Die Größe des Knötchens richtet sich nach der Anzahl an Wicklungen um die Nadel. Für ein Knötchen normaler Größe solltest du den Faden ca. 4 x um die Nadel wickeln.

Spannstich

Auch als Flachstich oder Füllstich bezeichnet. Der Spannstich wird von links nach rechts gearbeitet. Dazu an der linken untersten Stelle mit dem Ausstechen beginnen, Faden durchziehen. An der linken obersten Stelle wieder einstechen, dabei gleichzeitig knapp neben der ersten/letzten Ausstichstelle ausstechen, Faden durchziehen. Aufpassen, dass der Faden nicht zu locker oder zu stramm angezogen wird, sonst deckt der Faden nicht die Fläche oder zieht das Strickteil zusammen. Spannstiche

höchstens 3 cm lang ausführen. Größere, längere Spannstiche sollten nicht gemacht werden, da sonst die Gefahr besteht, in den Spannfäden hängen zu bleiben.

Margeritenstich

Für einen einzelnen Stich an der Stelle, an der dieser Stich liegen soll, ausstechen. Knapp neben der Ausstichstelle wieder einstechen und den Faden vorsichtig so lange nach hinten durchziehen, bis auf der Vorderseite eine kleine Schlinge liegt. Nun mit der Nadel innerhalb der Schlinge ausstechen, den Faden über die Schlinge führen und kurz neben der Ausstichstelle wieder einstechen. Den Faden nach hinten durchziehen. Dadurch wird die Schlinge auf der Vorderseite fixiert.

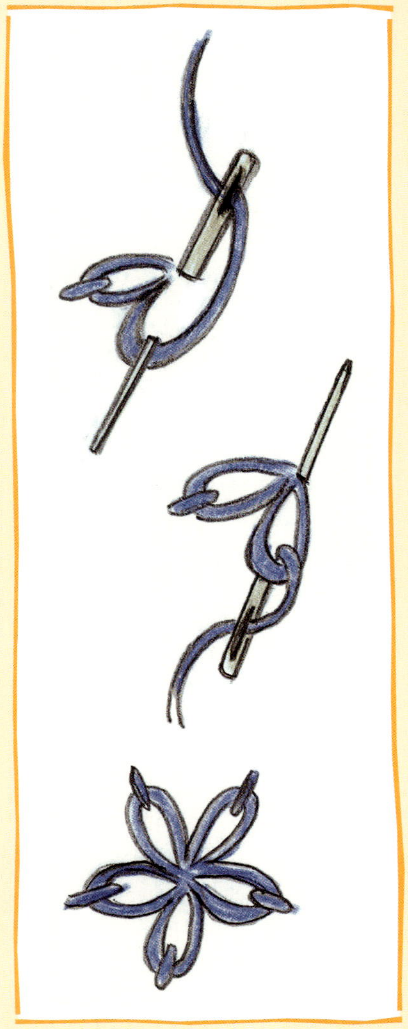

Knopf annähen

Viele Modelle in diesem Buch wurden auf unterschiedliche Art und Weise ausgearbeitet. Die bekanntesten und am häufigsten verwendeten Möglichkeiten findest du hier beschrieben.

Knöpfe mit zwei Löchern

Knöpfe gehören zu den ältesten Verschlüssen.

So geht's

1 Den Knopf an der entsprechenden Stelle auf das Strickteil legen, mit einer stumpfen Nadel von unten nach oben durch ein Loch des Knopfes ausstechen und durch das zweite Loch des Knopfes nach unten wieder einstechen. Diesen Vorgang mehrere Male wiederholen.

2 Zuletzt zwischen Knopf und Strickteil ausstechen und den Arbeitsfaden zwischen Knopf und Strickteil mehrmals um die dazwischen liegenden Fäden wickeln = Steg wickeln. Danach auf die Rückseite stechen und den Faden vernähen.

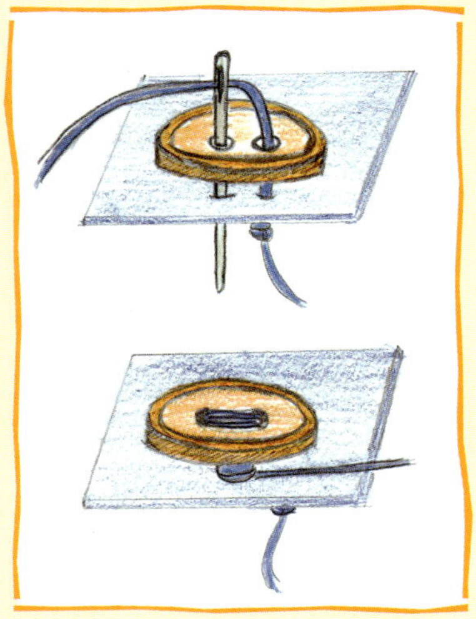

Knöpfe mit vier Löchern

Knöpfe mit vier Löchern können gekreuzt oder mit parallel verlaufenden Stichen angenäht werden. Zur besseren Übersicht sind oberhalb der Knöpfe Stichverläufe gezeichnet.

Gekreuzt

1 Den Knopf auflegen. **1a** Mit der Nadel von unten nach oben ausstechen, dabei das linke untere Loch treffen. **1b** In das rechte obere Loch nach unten ausstechen. **2a** Mit der Nadel von unten in das rechte untere Loch nach oben ausstechen. **2b** In das linke obere Loch nach unten ausstechen.

2 Schritte von 1a bis 2b wiederholen. Zum Schluss den Faden wie beim Knopf mit zwei Löchern verarbeiten.

Parallel

1 Den Knopf auflegen . **1a** Mit der Nadel von unten nach oben ausstechen, dabei das linke obere Loch treffen. **1b** In das linke untere Loch nach unten ausstechen. **2a** Mit der Nadel nach unten in das rechte obere Loch nach oben ausstechen. **2b** In das rechte untere Loch nach unten ausstechen.

2 Schritte von 1a bis 2b wiederholen. Zum Schluss den Faden wie beim Knopf mit zwei Löchern verarbeiten.

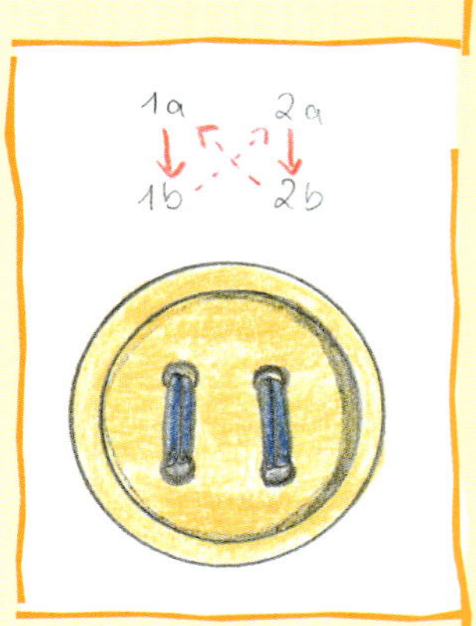

Zierknöpfe mit Öse

Bei diesen Knöpfen sieht man kein Garn an der Oberseite. Die Knöpfe werden mit einem Steg angenäht.

So geht's

1 Dazu den Knopf an der gewünschten Stelle auflegen, mit einer stumpfen Nadel mit Faden von unten nach oben ausstechen.

2 Die Öse des Knopfes erfassen, einfädeln und wieder nach unten ausstechen. Diesen Vorgang mehrere Male wiederholen. Beenden mit einem gewickelten Steg.

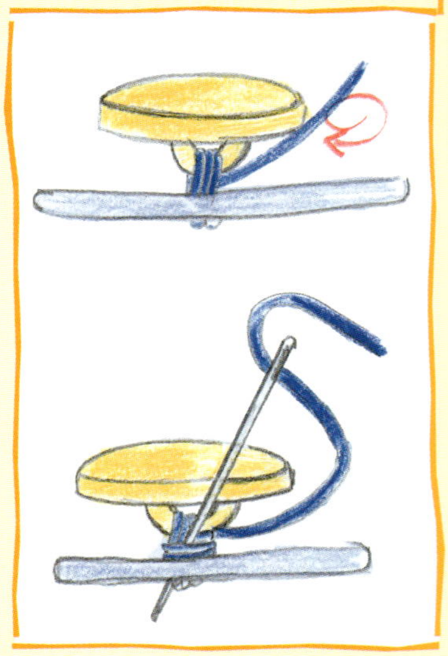

Umhäkeln, Umstechen, Maschen aufnehmen

Umhäkeln mit festen Maschen

So werden einfach und schnell stabile Ränder gefertigt.

So geht's

1 Anfang: Mit der Häkelnadel zwischen die 1. und 2. Masche von vorne nach hinten einstechen und den Faden zur Schlinge nach vorne durchholen. Mit der Häkelnadel erneut einstechen und eine 2. Schlinge durchholen. Nun den Faden holen und durch beide Schlingen ziehen

2 Schlaufe auf der Häkelnadel lassen, in die nächste Masche/Reihe (an den Seiten in die nächste Reihe) von vorne nach hinten einstechen. Faden zur Schlaufe nach vorne holen. Den Faden erneut holen und durch beide Schlaufen ziehen.

Für einen schönen Rand ist es ratsam, jede dritte Reihe oder Masche zu überspringen, da sich sonst der Rand unschön wellt. Wenn sich der Rand wellt musst du weniger feste Maschen häkeln, wenn er sich zusammenzieht, musst du die Maschenzahl erhöhen.

Umstechen

So entsteht schnell und einfach ein sauberer Rand.

So geht's

Faden in eine Wollnadel fädeln. In jedes Maschenglied von hinten nach vorne stechen.

Maschen aufnehmen

Maschen werden dann aufgenommen, wenn über Randmaschen gestrickt werden soll. Das ist in diesem Buch z. B. bei den Hausschuhen der Fall. Häufig werden Maschen auch aufgenommen, um Blenden an Jacken, Pullovern oder Taschen zu stricken.

So geht's

Mit der rechten Stricknadel von vorne nach hinten in die Randmaschen der einzelnen Reihen einstechen, den Faden holen und durchziehen. Die entstandene Schlinge ist die neue Masche.

Achtung!

Nicht aus jeder Reihe eine Masche aufnehmen, da die spätere Blende sonst zu weit wird und sich nach außen wölbt. **Hier gilt die Faustregel:** jede 4. Masche überspringen. Je nach Material ergeben sich jedoch geringe Abweichungen, da die Garne unterschiedlich dick sind.

Falls dir das Aufnehmen von Maschen mit der Stricknadel nicht so gut gelingt, kannst du eine Häkelnadel verwerden. Nach dem Durchholen der Schlingen mit der Häkelnadel diese auf die Strickradel heben.

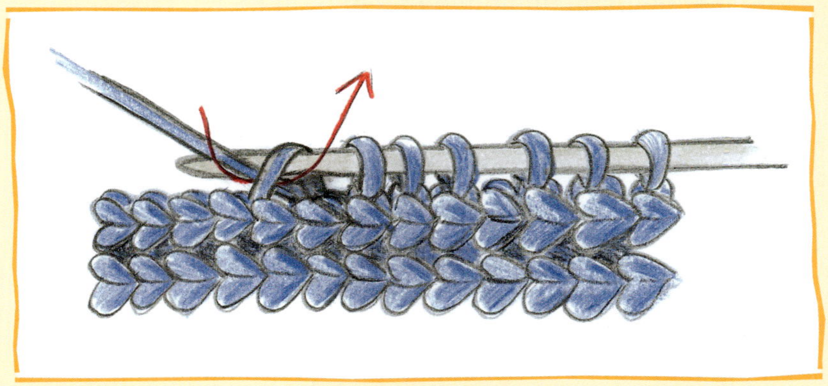

Tischset

Seite 63

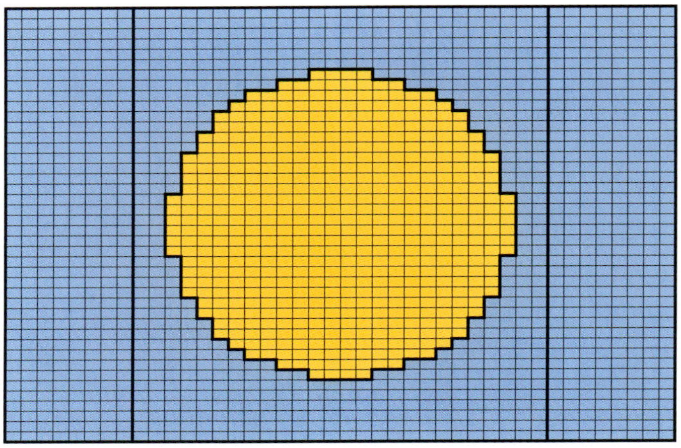

Nackenrolle

Seite 70

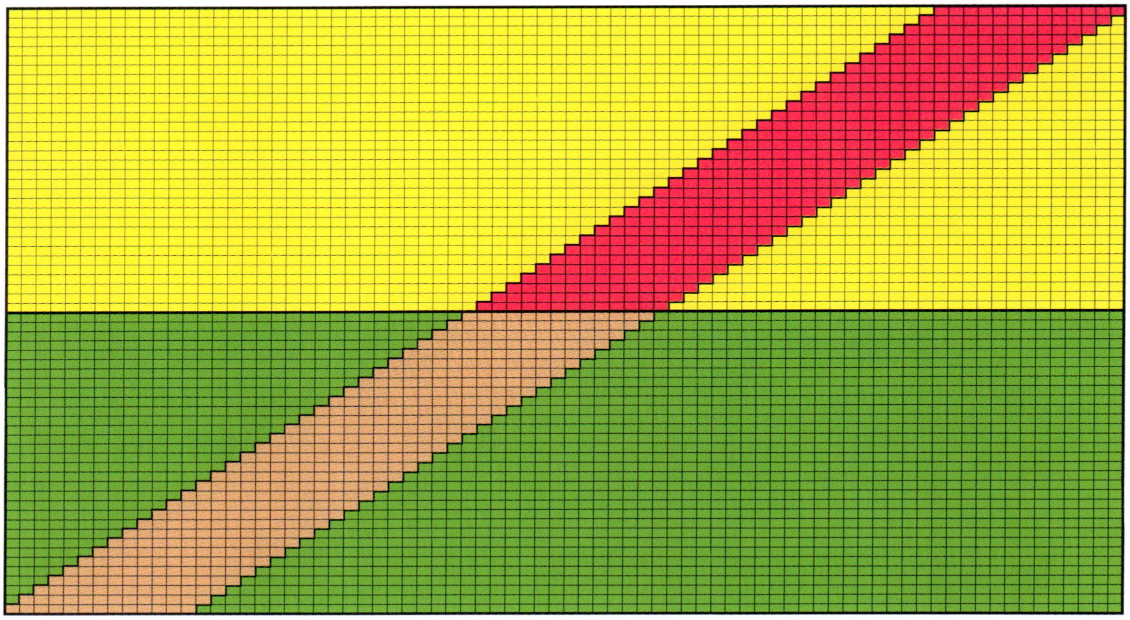

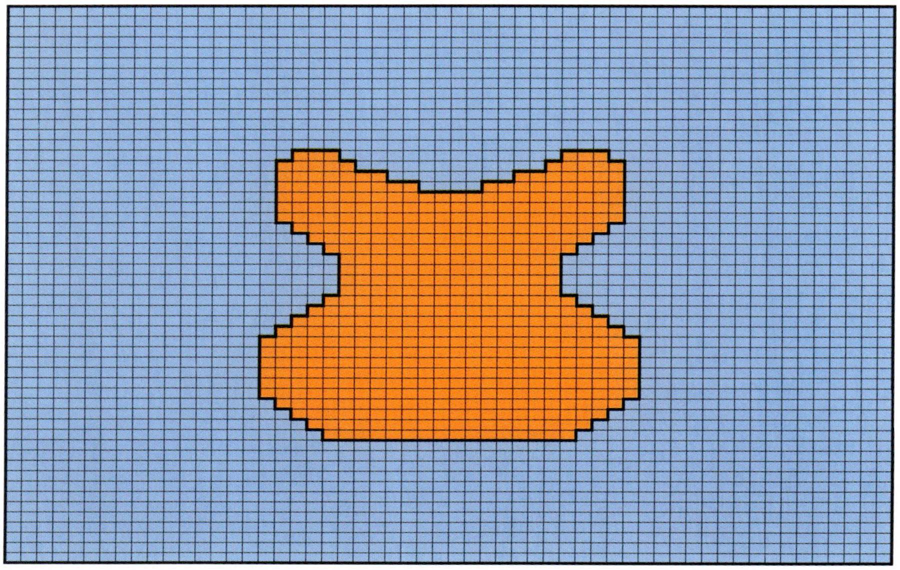

Wärmflasche

Seite 70

Karten

Seite 17

Puschelige Eierwärmer

Seite 54/55

Schwein

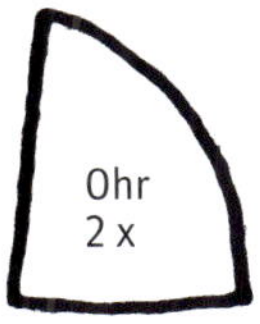

Elefant

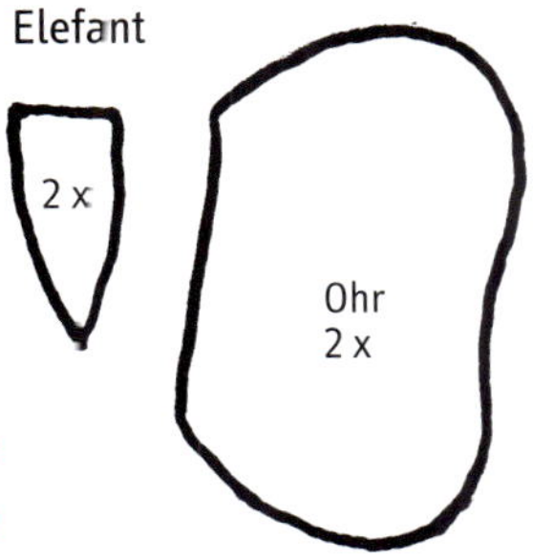

Lustig runde Pompontiere

Seite 7

Karten

Seite 17

Windlichter

Seite 35

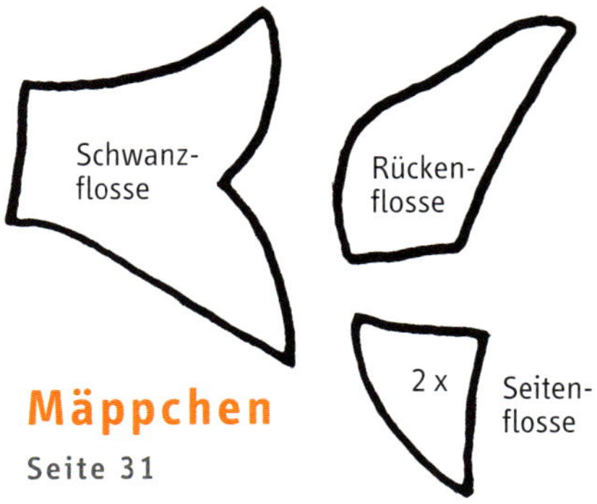

Mäppchen

Seite 31

Karte

Seite 27

Bild

Seite 27

IDEE UND MODELLE: Kathja Herrenknecht

KONZEPT UND LEKTORAT: Susanne Stegbauer

LAYOUT: Petra Theilfarth

ZEICHNUNGEN: Kathja Herrenknecht

FOTOS: frechverlag GmbH, 70499 Stuttgart; Fotostudio Ullrich & Co., Renningen

DRUCK UND BINDUNG: Finidr s.r.o., Cesky Tesin, Tschechische Republik

Wir danken der Firma Coats für die Unterstützung bei diesem Buch: Coats GmbH Kenzingen www.coatsgmbh.de

Auflage: 5. 4. 3. 2. 1.
Jahr: 2009 2008 2007 2006 2005 [Letzte Zahlen maßgebend]

ISBN 3-7724-6552-8
Best.-Nr. 6552